宁
波
文
化
丛
书

宁波文化丛书 第二辑

主编 陈利权

天赐慈城

解读中国古县城的标本

钱文华 钱之骁 著

宁波出版社

本书系宁波市文化研究工程项目

图书在版编目（CIP）数据

天赐慈城：解读中国古县城的标本 / 钱文华，钱之骁著 . —宁波：宁波出版社，2017.10（2021.12 重印）
（宁波文化丛书 . 第 2 辑）
ISBN 978-7-5526-3072-5

Ⅰ . ①天… Ⅱ . ①钱… ②钱… Ⅲ . ①文化史 – 慈溪 Ⅳ . ① K295.54

中国版本图书馆 CIP 数据核字（2017）第 253555 号

丛 书 名	宁波文化丛书·第二辑
丛书主编	陈利权
本册书名	天赐慈城：解读中国古县城的标本
著 者	钱文华 钱之骁
责任编辑	张爱妮
责任校对	王 丹
装帧设计	金字斋
出版发行	宁波出版社
地 址	宁波市甬江大道 1 号宁波书城 8 号楼 6 楼
邮 编	315040
网 址	http://www.nbcbs.com
电 话	0574-87264975（编辑部）
印 刷	宁波白云印刷有限公司
开 本	710 毫米 ×1000 毫米 1 / 16
印 张	14.5
字 数	210 千
版 次	2017 年 10 月第 1 版
印 次	2021 年 12 月第 4 次印刷
标准书号	ISBN 978-7-5526-3072-5
定 价	50.00 元

（版权所有 翻印必究）

图书若有倒装缺页影响阅读，请与出版社联系调换。电话：0574-87248279

总序

唤醒宁波的文化之魂

◎ 何 伟

（一）

中国的古城实在不少，若论我国沿海最早的文化古城，只要稍稍具备历史地理的眼光，都会聚焦宁波——中国大陆海岸线的中点。

这座从远古走来的名城，河姆古渡的骨哨一吹就是七千年，展开了一幅幅风云际会的历史长卷。翻开谭其骧先生主编的《简明中国历史地图集》，不难发现宁波在我国沿海各大城市中的"早熟"：当宁波沐浴河姆渡的文明曙光时，我国海岸线上的先民基本还处于文明的空白处；当宁波先秦时期设县建制，广州还是邻近番禺的宁静村庄；当宁波唐代建州（相当于今天的地级市），已是"海外杂国，贾舶交至"的繁华城市，此时的上海还只是一个海滨渔村；宋代的宁波已是我国闻名国际的四大港口城市之一，天津还是名不见经传的一片滩涂；及至近代宁波作为"五口通商"被迫开埠，青岛、大连等城镇化才刚刚起步，更不必说改革开放后才崛起的深圳了。

如此"炫耀"的类比，无意仰己抑人。只想说明，以商城闻名的宁波，其实是隐身的文化重镇。其文化价值和地位，显然是被低估了。仅以中华文明源头之一的河姆渡为例：其制陶、稻谷和干栏式建筑的发现，修正了我国学术界总把黄河流域作为中华民族的唯一摇篮的定论,确认了长江流域是中华民族另一个发源地。其出土的代表海上活动的六支桨,印证了宁波先民是我国"海上丝绸之路"的先驱,为我国台湾和太平洋岛屿的文化作出历史性的贡献。澳大利亚悉尼市迪米蒙地电影制片公司在20世纪80年代拍摄了一部记录太平洋沿岸历史的影片,其序幕就是从河姆渡开篇的。

宁波文化矿藏的丰富性和不凡品质,还在于这里是海上丝绸之路的起源地之一,中国大运河的出海口之一,沿海城市中建城的起源地之一,金融史上我国钱庄的发源地之一,海运史上造船和航海的发源地之一……总之,宁波文化是整个中国文化经络中一个很关键的穴位。宁波的历史区域文化,犹如一座丰盈的藏书楼,在文化复兴的聚光灯下,亟须整理与传播。

宁波历史文化何其久也,宁波地域文化何其丰也,先贤前辈们已经为宁波开辟出了一块文化沃土。每念及此,作为祖籍宁波、生活于宁波的我,不禁对家乡深厚的文化遗产肃然起敬。可是,在今天追赶现代化国际港口城市的目标时,有多少宁波人还记得曾经的灿烂?又有多少人了解宁波往昔的辉煌?

(二)

区域文化研究的兴盛和传承,是近年来国内学界的独特景观,既得益于文化的复兴,又受到区域发展竞争的推动。齐鲁文化,燕赵文化,三晋文化,巴蜀文化,吴越文化,荆楚文化,岭南文化,等等,不一而足。这股热潮也波及作为吴越文化分支之一的宁波文化。

某种文明的价值观、思维方式和风俗习惯等,根本上是由地缘自然条件所决定的。文明所处的地缘环境与精神性格之间有着必然的因果关系。法国历史学家布罗代尔认为,影响一个文明的精神气质最根本的因素,是地理条件和自然环境,换成老百姓的说法,就是"一方水土养一方人"。

宁波地处东海之滨,三面环山,潮汐出没的宁绍平原居中,多类型地貌孕育出姚江、奉化江、甬江流贯其中,江河湖海点缀其间,构成了宁波"经原纬隰,枕山臂江"的地理特征。"南通闽广,东接倭人,北距高丽,商舶往来,物货丰溢。"(宝庆《四明志》)"自宋以来,礼俗日盛,家诗户书,科第相继,间占首选,衣冠人物甲于东南。"(成化《宁波府志》)

文化早熟的宁波好比一个内敛聪慧的智者,有外貌形象,有性格气质,也有个性脾气。发源于四明,耸立于三江,兼得中西交汇之利,倚其7000年的文明发展,塑造了一整套属于自己的优秀文化符号、习俗和精神,说得洪亮一点,叫作"宁波文明"。

每一个城市都有自己的来龙去脉,每一座城市都有独特的文化符号。宁波的文化特质,如果要用极精简的字词来表达,就是"江海"和"商贾"。水路交通和商帮文化是阅读宁波风云际会悠长岁月的两个关键词。伸展开来,从类型看,有海洋文化、农耕文化、港口文化、海防文化;从特质看,有商帮文化、耕读文化、工匠文化、饮食文化;从思想看,有浙东文化、佛教文化;从文人看,名儒硕彦,人文荟萃,有南宋的心学先贤"甬上四先生",有先生之风山高水长的严子陵、知行合一的心学大师王阳明、开启日本明治维新的导师朱舜水、工商皆本的民本思想家黄宗羲……正可谓千年古城,百年风云,几度沉浮,气血不衰,乃文化之力也。

(三)

一座城市的持久吸引力,不在林立高楼,而在文化气质。让城市站立不衰的,是文化"软实力"。表面上看,决定城市差异的是经济,骨子里是文化。今观神州,仰赖房地产狂奔的造城运动,流水线般建造的排排高楼大厦取代古城旧貌,割断了多少城市的历史脉络，推平了多少地域审美特征，埋葬了多少丰厚的历史记忆，已经无法计算。宁波籍文化大家冯骥才先生认为，我们中国历史悠久，民族众多，地域多样，每个城市都有独特和鲜明的城市形象。可惜，现在我们660个风情各异的城市形象基本都消失了，即使有，也支离破碎，残缺不全，很难再呈现出一个整体的城市形象。眼下，追名逐利遗失了文化，随波逐流遗忘了故乡，身在故乡而不知故乡何在。

　　物欲越是膨胀，文化越是珍贵。宁波人之所以成为宁波人，并不是因为出生在宁波，而是身上承载着宁波的文化符号和基因。这些由宁波的风俗、语言和信仰因素组成的"宁波腔调"，以及地缘、血缘关系组成的坐标系，会让人们知道自己是谁、从哪里来。不论你身处世界何地，只要据此便可找到家乡，认祖归宗。如果遗失了宁波文化，即使站在这片土地上，也很难再是宁波人。令人忧心的是，在现代化城市化的急切步伐下，本土历史文化面临诸多存亡考验。公路毁了，可以修复；房屋塌了，可以重建；文化遗产一旦"消失"，如同绝迹的物种，没了，就永远没了。现代人精神家园的迷失和情感归属的危机，成为一种流行国际的精神疾病，正是文化除根后流离失所的后遗症。

　　今天的宁波缺什么？不少人感叹缺文化，我看来，表述不很准确。宁波并不缺少文化，缺的恐怕是对丰厚文化的记忆和传承。"文之无书，行之不远"，作为文化工作者，作为宁波人，我们深恐随着时间的推移，宝贵的精神财富因文字的阙如而流失，随着记忆的衰退而归零。把文化摆在什么位置，不仅仅取决于政府，更取决于每一个厕身其间的市民的态度。文化是城市之魂，是我们这座城市安身立命的基座。唤醒城市记忆的味道和画面，保护并标出宁波的文化风景线，绘制文化地图延续文脉，亟须一套权威、全面、通俗的文化读物。本丛书的出版和传播，即是努力之一。

（四）

本丛书的编纂，虽非规模浩大的文化工程，却颇费周折，几起几落，幸得宁波文化事业基金委员会慧眼识珠，忝列扶持项目，又得宁波市委副书记余红艺及市委宣传部等部门的鼎力支持，宁波出版社调集精干，组织本地学界文化精英，殚精竭虑，撰写这套丛书。

自2012年始，编纂委员会成立并确定了丛书的编纂大纲，专家们从宁波地理文化和历史文化的坐标中，尽可能筛选出具有鲜明特色和传承价值的内容作为首批选题。第一辑八种，选题侧重反映对宁波发展最具影响力、最具代表性的八个方面地方特色文化。计划此后逐年推出各类文化系列，集腋成裘，奉献出宁波文化的"满汉全席"。

丛书着力点不在学术钻研和考证，而在文化的普及和传播，定位在文化"小吃"，充其量是宁波文化史的通俗版、系列专题篇，绝非贯通一气的皇皇巨著。丛书力求编排图文并茂，文字通俗易懂，集知识性与文学性、学术性与普及性于一体，雅俗共赏，老少皆宜，为大众提供一张文化寻根的导游图，以及一杯安顿旅者心境的下午茶。于闹市中拾取一份宁静，于纷繁中理出一片安详，于浮尘中闻到一缕书香，于物欲中寻得精神的家园。

（本文作者为宁波日报报业集团原党委书记、董事长）

目 录

总 序 唤醒宁波的文化之魂 …… 001

【综述】好深的一座城 …… 001

【一】历史沿革 …… 017

一 孕育在唐诗里的慈溪县城 …… 018

二 永乐帝改名的慈溪县城 …… 022

三 慈溪县城消逝后的慈城 …… 027

【二】千年古城 …… 029

一 城址以黄钟状抒写理想主义 …… 030

二 渗透着县级「礼」序的布局 …… 031

三 慈城城墙的特色及传说 …… 033

四 龟背状的慈城街巷充满写实主义风格 …… 039

五 慈城独特的县级建筑 …… 043

【三】宗教文化 …… 055

一 互为和谐的宗教文化 …… 059

天赐慈城

【四】名门望族

一　望族文化的书香传承 … 074

二　慈城的望族与名人 … 080

【五】慈孝之乡

一　孝子灵魂的栖息地——孝子庙（祠） … 144

二　贞女畸形的苦难碑——节孝祠 … 151

三　灵魂煎熬的十字架——贞节坊 … 155

四　乡贤乐善的功德堂——云华堂及其他 … 162

【六】传统民俗

一　独特的风土人情 … 167

二　多彩的岁令时节 … 184

三　神奇的故事传说 … 205

二　浙东著名的三大佛寺 … 064

三　江南道教圣地清道观 … 069

天赐慈城

【综述】

好深的一座城

俯视慈城（沈国峰摄）

慈城是一座静卧在北纬30°之上的中国标本式的古代县城。150多年前，六位慈城籍旅沪商人汇资编写了《英话注解》一书，注以句章（慈城古称）乡音，并在慈城南城守拙轩书楼内刻印出版。这是上海第一部"洋泾浜"英语会话读本，宣告了风靡上海滩的洋泾浜英语的诞生。不久，不知有多少城乡年轻人，手捧《英话注解》，怀揣梦想，告别故土，奔向上海，远走海外，去敲开世界多彩的大门。

120多年前，曾任德国柏林大学校长的著名地理学家李希霍芬，多次来中国进行地质和地理考察，走遍了大半个中国。根据考察结果写成了一部举世闻名的巨作《中国——亲身旅行和据此所作研究的成果》，在书中首次提出宁波人是中国的犹太人，"尤其是商业中的宁波人，完全可以和犹太人媲美"；他对当时的慈溪人尤其赞赏，"宁波人中最值得注意的是宁波北部的慈溪人"，而他所赞赏的慈溪人，正是今天以慈城为中心的周边区域的先人们。

（一）

慈城是江南史前文明杰出的代表。

河姆渡遗址挖掘现场

姚江河姆渡遗址远景

慈城地下埋着史前文明，这可追溯到新石器时代，原本就与上古先民血缘有亲。慈城周边10公里之内，就有举世闻名的三大新石器文化遗址——河姆渡、傅家山、田螺山。河姆渡遗址位于慈城西南8公里处，河姆渡文化属于7000年前的母系氏族公社，1973年被文物考古专家发现，震惊了世界。说明早在7000前，长江下游较之先前已有相当先进的原始文化，而长江流域同黄河流域一样，都是中华民族古老文化的发祥地。再说傅家山遗址，该遗址2004年被发现位于慈城西北4公里处，距今已有7000年，是继河姆渡遗址发掘之后规模最大、出土器物最多、保存遗迹较为完整的新石器时代文化遗址，与河姆渡文化同时或者更早，被考古界誉为"河姆渡第二"。田螺山遗址则位于慈城西北7公里处，距位于其西南方向的河姆渡遗址的直线距离为7公里，与其东面的傅家山遗址相距3公里。该遗址2004年被发现后，经浙江考古专家发掘研究，出土文物年代至少与河姆渡同时期。并有三个重大发现：其一，木炭的发现，这可能有助于揭开河姆渡起源之谜；其二，布局讲究的古建筑和古埠头；其三，6000年前海平面快速上升的发现。2013年5月，田螺山遗址被国务院核定公布为第七批全国重点文物保护单位。发掘出来的大量实物，揭开了

傅家山遗址出土的陶器

傅家山遗址出土的鹰头陶瓷

傅家山遗址出土的象牙雕鹰头器

7000年前的慈城地区先民们白天打鱼狩猎，田野耕作，傍晚炊烟缭绕，儿孙绕膝的原始生活场景，充分证明了浙东大地与黄河流域一样是中华民族文明的摇篮。除了三大遗址外，慈城周边另有十几处同时期的遗址，如慈湖、小东门等。特别是慈城城北的慈湖遗址也有多项重量级的发现。位于慈湖西北角乌龟山下的慈湖遗址是1987年被发现的。面积2000平方米，文化积厚2.1米，叠压着7个文化层，可分为上下层两个不同时期。上层属于良渚文化，下层属于河姆渡文化。该遗址的发现打破了良渚文化不过钱塘江东的固有结论。慈湖遗址出土了5300年前的木屐，是目前发现的中国乃至世界最早的鞋类实物，堪称世界第一古屐，慈城人因而有理由骄傲地猜想：先古文明也许是从慈湖迈出的第一步。

慈城除了史前文明遗址，还有与之相配套的史前文化传说。

慈城东南3公里狮子山下有个石米湾，传说远古是个海湾。当时宁绍平原是浸泡在海水中的，而狮子山东北面的张网山则是渔民晒渔网的地方。船只在海湾里兜一圈，得花吃完一石米的工夫才行，可见石米湾流域之大。今考证，在25000年以前，宁绍一带的海水退后，陆地面积越来越大，辽阔的浙东大地人口

慈湖遗址出土的5300年前的木屐

繁衍了，生产也随之发展起来。但到12000年前，海水又一次浸向陆地，在河姆渡人生活的年代，海水直薄四明山麓，宁绍平原变成了浅海泽国。石米湾的传说给我们勾画出了当时的约略情景。可以想象，水进人退，河姆渡人一部分留了下来，一部分不得不西逃、南迁。这才有了后来自钱塘湾到南海之间广大地域上的"百越杂居"，才有了西部会稽人口稍稍集中起来的越国。然而，留下来的人在沼泽地里却也练就了一种本事，造独木船，"不能一日而废舟楫之用"。有文字记载，3000年前的周成王时，于越人到了北方的洛邑，在周成王那里做客。"于越来宾""于越献舟"，这是北方汉族初见到于越族人的记录，比勾践当上越王早500年。后来，海水虽又退出去，但石米湾最终还是消失了，石米湾一带的人口也不如以前多了。比起西部的会稽来，这里反而变成了荒凉之地，所以越王勾践曾经想把俘虏来的夫差放逐到甬东来。

远古岁月，这里曾几经洪水泛滥，沧海桑田，生活在慈城的先民们一直坚守在这里，以一种"象耕鸟耘"的原始耕种方式学会了种稻谷。附近山边沼泽地里常有兽类出没，水鸟翔集，他们还学会了撒网打鱼，颠簸在风波浪涛里，艰辛自不用说，倒也过上"饭稻羹鱼"、自给自足的生活。

房琯雕像

（二）

慈城是历经千年沧桑的慈溪古县城。

慈城拥有2500多年的建城史，2200多年的建县史。慈城文化的真正繁荣要从唐开元二十六年（738）县城改名说起。

慈溪最早的县令是一位才华横溢的御史，是唐朝名相房玄龄的孙子房琯。当年遭贬谪，从京都长安来到浙东首任慈溪县令。当时的句章县城址，在今慈城西南15里城山，南面紧靠姚江，沿江建有可停靠船舶的大型码头，对外交往十分便利。此地还是春秋以来我国古代著名军港和贸易港之一，可谓由港得福，却也由港得祸。随着千年潮起潮落的冲刷，城址周围泥土咸腥，城内居民吃水都成问题。南北为前后姚江、慈江所困，腹地有限，居民进出极不方便，城址防御功能不强。面对连年兵祸，盗匪猖獗，经济萧条，人丁稀落，初来乍到的县令房琯萌生县城移址，择地另建的念头。于是决定实地考察，亲自带领一班人马，踏遍句章周边的山山水水。他登上浮鳖山，远眺山下的慈城，见眼前山清水秀，春暖花开，旧日愁云一扫而光，顿启重生的希望。慈城，赢得天时、地利、人和，正是房琯心中的风水宝地。

清光绪年间慈湖图

慈城南面有两江,北东西三面群山环绕,像一把太师椅稳稳当当。也许在房琯的心目中,此处可远观山水之色,倾听天籁,书写天下之文,这是一个充满诗意的灵魂栖息地,是一艘能做还乡美梦的挪亚方舟。当时的慈城在浮鳖山下,除了北面的董孝子庙和普济寺,西面的永明寺和大宝桥,还是一片较荒蛮的沼泽地,人迹罕至。他选好城址,亲自规划设计,在一片沼泽地上硬生生地造起一座宏伟的慈溪县城。于是他把句章县治从西南城山迁址到慈城浮鳖山,最后把句章县改名为慈溪县。

慈城的地理环境完全符合天人合一的传统思想,方圆2.17平方公里,三面环山,一方临水,虎踞龙盘,坐北朝南,是中国县城中别具一格的风水宝地。井字形、棋盘式,正是汉民族最纯美最典型的古代县城格局。

现在谁也不知县令房琯有否重金聘请堪舆家或阴阳大师作过实地考察,抑或这只是他精心设计的杰作。明清以来,慈城已成为浙江县治规划的典范,成为我国古代县治中少有的天然形胜的标本。历代各级史志及文人著作中对慈城形胜也多有表述。

清雍正《浙江通志》记慈溪县形胜:"慈溪为县,三面阻山而不足于南。其县阴诸峰,巍伟秀拔,迤而左旋,若舞凤,若惊龙,或起或偃,达于巽隅而

20 世纪 50 年代慈城总平面图

止"，"慈枕山为邑，五曜归垣。九龙回合兑位，宝山屼然翼蔽。于青霄而蔽白日，隐然室有障车有屏也"，"凭高原，面广野，九岭腾骧，二江吞吐。东据鸱鹆之浦，北枕黄牛之山"。

慈城周围水网交错，在古代的意义主要用作交通路径和灌溉农田。慈城的山水形胜可从城内城外两个方面来分析：城垣之外，自然的山水构成了一块堪称中国风水学说中最完美的模板，这片"绝版"风水结构与组合是真正的天造地设；而在慈城城内值得一提的是与三纵六横的街巷相并行的人工河道，这些小河道相互交错连接，它们南通慈江，最终与海潮相汇合，所以潮汐涨落，既会给城里送来滩头的小海鲜，又会漂走垃圾，就像这座城池安装的一个呼吸系统。由此看来，慈城人既得益于大自然的恩赐，又不乏自己改造自然的智慧。这个城内城外的庞大水系，是其他江南城镇所未见的。

明嘉靖工部尚书赵文华在《重修普济禅寺碑记》一文云："慈邑之胜在山冈回合，而江潮汇其左右，迂徐蜿蜒，得天地朝夕之正气为襟抱，而其融结秀丽，以得湖潴为至胜。若邑后阚峰诸山，蔚然特秀，当石柱峰之正脉，行数十里而止于此。其下为阚湖，环山里许，中有湖岛数四。湖之下

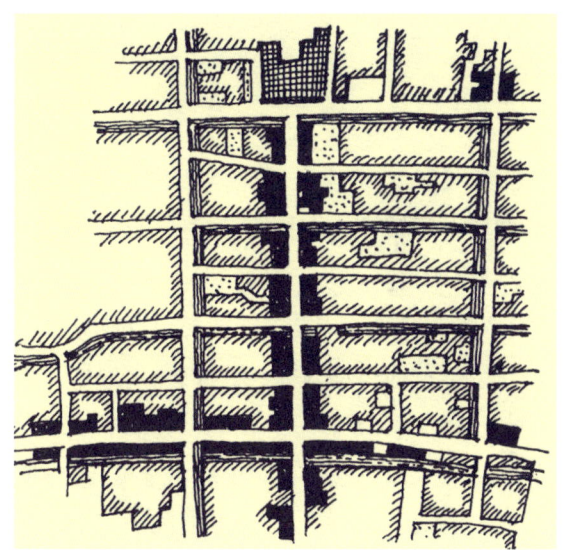

慈城街道主次分明

即溪,湖吞百谷,穿络邑治之阳,而为后江,又不数里为前江。登山视之,二江势若层带。其南远峰屿列,叠嶂数顾。以故慈邑之胜钟于人,为两浙魁,旧矣。"

尽管山不甚高,水不甚长,但慈城自春秋越王勾践筑句章城起,后有"秦始皇游句章三十余日",汉董仲舒孙子董春远来迁居,唐时柳宗元、方干等诗人赋诗思念,北宋王安石,元时罗贯中,明时文徵明、祝枝山等达官贵人、文人雅士慕名而至,这就是慈城山水的环境效应使然。

鉴于慈城得天独厚的地理优势,房琯设计的县级规模和街巷布局独特非凡,宏伟大气。那棋盘似的方正格局,网格状的纵横铺展,南北向有中轴线、东轴线、西轴线,东西向有中横线、南横线、北横线等,使得慈城在与江南其他依水而居、顺流的直线形铺展的城镇相比较时,显得高贵气派得多。哪怕是像开挖慈湖那样的工程,也是因地制宜,科学合理,独具匠心,以造福后人为目的。

得天独厚的地理形胜及人文优势,千年文脉源远流长,延绵不绝,成就了慈城灿烂辉煌的科举文化、商业文化、慈孝文化、宗教文化。今仍留有旧城址全长十余里,拥有居民近两万,包括七条大街、二十七条小街、一百多条小弄，还有县级大医院、火车站、中学。因此，后人不忘其恩德，历代捐资建造与修缮房公祠、西庙等建筑，以示对贤官的追念与崇敬。

慈城有别于江南一般水乡城镇的格局。一般水乡城镇房屋都是傍水而建，城镇的铺展也是采用依水而延伸的形式。这种格局与自然形态相一致，从反面也可见对自然的过分依赖而被动，缺乏明确的科学规划与突破改造，光是沿着自然的山、水一路发展，仅作一些前瞻性和便利性的考虑而已。从城镇的总体布局看，道路及路边建筑就只能顺着水道扭曲，形成一种单向的而非纵横交错的街市和民居格局。而慈城的风格完全是个例外，老城形似龟背，横平竖直，很有分寸，有很强的规划。所谓"城区穹隆起顶，街衢坤龟成形"，拥有规整的"双棋盘格局"的慈城像是苏州或绍兴的府城轮廓的缩小版，被专家称为"中国传统县城的典型代表"。

慈城在明清时期是座名副其实的商城。它是驰名中外的国药业的大本营，是本帮裁缝——传统服装业的祖师殿，是现代银行业的发源地，是中国著名商帮——宁波帮成长的摇篮。

慈城可称得上是中国明代民居之都。直到今天还保存尚好的古城河、古街坊、古店铺、古庙宇、古牌楼、古民居与将相府第交相辉映。保存有大型明代民居十多处，这恐怕在全国也是绝无仅有的。

慈城的每一寸土地都有深厚的历史文化底蕴。越王勾践在这里卧薪尝胆，厉兵秣马，复仇雪耻；秦始皇从这里登高望海，祭拜天地，寻求不老之药。慈城可谓人杰地灵，人文荟萃。这里出过商人鼻祖计然，越国宰相文种，东汉大孝子董黯，三国丞相阚泽，南宋心学大师杨简，元代理学家赵偕，明初帝师桂彦良，状元姚涞、杨守勤，清初文学家姜宸英、戏剧家裘琏，近代书法家梅调鼎、宁波帮鼻祖严信厚、中国保险业的鼻祖周晋镳、金融业巨子秦润卿、戏剧大师周信芳；这里走出了中科院院士谈家桢、朱祖祥、颜鸣皋，台湾实业家应昌期，文化大师冯骥才等。每个慈城人都以此为豪，如数家珍。

慈城民主路雷家巷

2009年10月正在修缮中的太湖路

（三）

慈城古建筑群是历经千年积淀叠加而成的，集中代表了老慈溪县城明清时期的建筑精华，具有浓厚的时代气息。

慈城古建筑群是慈城人引以为豪的老本。2006年6月，慈城古建筑群共有6处被国务院批准为全国重点文物保护单位。有始建于北宋的孔庙（今为浙江省内保存最为完整的县级孔庙），明代官邸的典范甲第世家、福字门头、布政房、冯岳彩绘台门和冯宅。这些古建筑做工精致，用料考究，雕梁画栋，不少江南彩绘依然鲜活可见。

慈城"有来历的建筑"随处可见。每当徜徉在这片粉墙黛瓦的古建筑群中，我们仿佛能触摸到千年古镇的历史文脉。无论是满足人们精神追求的，还是提供日常生活需求的，如城署与寺、观、城隍庙、祠堂等，以及大量的民宅，都各就各位，恰到好处。而要称得上"有来历的建筑"，至少符合以下要求：建筑物本身必须要足够庞大而辉煌；建筑物必须要与人们的生活有重大的关系；建筑物必须延续慈城的历史文脉，与历代名人互相关联。正所谓"人们建造了建筑，建筑又同时影响了人们的生活"。人们创造了古慈城，古慈城又影响并决定了人们的生活轨迹。

在方圆不到2.17平方公里的古城内，各种古建筑星罗棋布，规划齐整。明代以来至清乾隆以前的建筑，至今保存完好的就有一百多处，其中大型明代建筑就有十多处。慈城古建筑群建筑数量之多，规格之大，密度之高，是江南其他古城镇所难以比肩的，同时慈城古建筑种类之多之全，建筑本身之美，以及至今保存之完善，又是其他江南古镇所无法企及的。

2001年，宁波市委市政府决定用保护、改善、改造、保留、更新和整饬等六种方法，保留千年慈城棋盘式的街巷格局，恢复其原生态风貌。到目前为止，慈城古县城保护开发工作已先后投入数十亿元，不断修缮和保护在慈城古城区域内的约60万平方米古建筑，40处全国和省市文物保护单位，80处宁波市、区两级文保点，107处宁波市首批具有重大价值的历史建筑。经过当地政府和开发公司多年的共同努力，对慈城多处古建筑的保护工作终于得到了升华。2009年12月16日下午，联合国亚太地区北京代表处文化项目高级主管卡贝丝一行，在当地相关工作人员的陪同下，参观了太湖路古建筑群、冯岳彩绘台门、贞节牌坊、冯宅等地，并在慈城孔庙明伦堂把2009年度联合国教科文组织文化遗产保护荣誉奖颁给了宁波市江北区慈城镇，以表彰该镇对"慈城历史文化名镇遗产建筑群"的完美保护。这是2009年浙江省唯一获此殊荣的遗产建筑群，慈城古县城保护也由此成为目前宁波市最高等级的文化遗产项目。亚太地区文化遗产保护奖旨在表彰为保护具有历史价值的建筑而做出贡献的个人或组织。在设立该奖项后的10年里，其评定标准也越来越高。2009年，共有14个国家的48个项目参评，得奖的只占四分之一，慈城古建筑是中国唯一的荣誉奖获得者。这也证明了，在经济飞速发达的长三角地区，保留古建筑原有的空间布局、建筑形式和提供现代化的生活设施可以彼此融合。慈城的获奖为政府和民众共同参与古城保护提供了新的思路。

2009 联合国教科文组织亚太地区文化遗产保护荣誉奖

（四）

浙东大运河慈江段是中国京杭大运河的最南端，也是世界文化遗产的重要组成部分。

慈城城南慈江段人工运河，史称管山江，西起丈亭三江口，经慈江大闸、太平桥至夹田桥，全长约 18 公里。开凿于南宋的宝祐五年（1257），由制使吴潜发动和组织慈溪百姓买民田开挖而成。同时为了避免潮汐影响，当时慈溪与镇海的地方官吏组织人力，在原有天然河道基础上进行疏浚开挖，开通了慈江，往东可直达于镇海口，从绍兴、余姚过来想出海的船只又多了一条相对安全的出海河道。这也意味着船只过丈亭以东河道，可以选择不经过姚江、甬江这两大潮汐江入海。刹子港又称刹子浦，北起慈城大东门外夹田桥，南至小西坝，全长约 4 公里，是沟通慈江和姚江的一条直河，也是由宋制使吴潜对原有河道进行拓宽疏通而成。当年还在刹子港的南端建有一座小西坝，隔江与鄞县的大西坝对接，船只拖过大西坝后便可经便捷通道西塘河直接进入宁波府城。

古代往来绍兴、宁波两地的内河船舶抗风浪能力有限，因此在姚江舟行经常出现危急现象。宋宝庆《四明志》云："小江贯县中出东郭至西渡，

1865年的夹田桥，外国旅行家摄

又与大江会率随潮进退，大江乘潮多风险，故舟行每由小江，即后江也。"这里的"小江"指的是慈江。也就是说，船只走水路往返于杭州、绍兴、余姚、宁波等地，大多因受潮汐的影响，趋利避害不走前江，即丈亭以东姚江自然河段，而是改走以人工运河为主的河道慈江和刹子港。根据史志相关资料记载：慈江到刹子港的这段运河，是自然河道与人工河道完美结合的典范，也是古代漕运和海上丝绸之路的重要节点。明朝弘治元年（1488）高丽人崔溥、嘉靖年间（1522—1566）日本高僧策彦周良都是在浙东登陆，从宁波进入慈城这段运河，再通过京杭大运河到达京城的。

　　浙东运河慈江段地处慈城南门外的宁绍平原，是慈溪县历史上重中之重的核心区域，两岸风景如画、烟火万家、才子辈出，具有典型的江南水网格局特征，即自然江河利用与人工塘河建设并行共举，复线运行、因势取舍的设计、构筑理念与航运方式，正是宁波地区古代航运系统的一个重要特征。再加上农业水利与水运交通一体开发，是人与自然共同创造的伟大杰作，可谓"天工人巧、各居其半"。这从浙东运河慈江段的线路走向和历史文献记载中可以清晰看出。

　　总之，南宋浙东制置使吴潜发动慈溪民众开挖了慈江太平桥至夹田桥段 2100 米的运河，整治疏通了从夹田桥至小西坝的刹子浦河道后，人工开挖的慈江段及连接慈江、姚江的刹子浦作为中国大运河中浙东运河的重要组成部分，引起国内外的广泛关注。2014 年 6 月 22 日，在卡塔尔首都多哈举行的第 38 届世界遗产大会上，中国大运河成功列为世界文化遗产。中国大运河申遗成功，表明了浙东大运河慈城段也已跻身于世界文化遗产行列，意味着今天的慈城这个中国历史文化名镇将因此而走上更大的历史舞台。

（五）

慈城是江南诗性文化皇冠上的一颗璀璨的明珠。2005 年 11 月 13 日，国家建设部、文物局公布慈城为中国历史文化名镇，实至名归。

江南文化是一种意境，如诗，如画，如歌；是一种神韵，秀美多姿，安逸而恬静。她直接渗透并演绎着天地人协调合一、共生共荣的文化传统，代表着人们最基本的生存需要与文化理想，而慈城正是由江南文化浸润出来的。如果说江南文化是中华民族这棵大树上的巨枝，粗壮遒劲的话，那么慈城正是这枝头上开出的娇艳之花。慈城土地肥沃，物产丰硕，地理环境十分优越。这里青山围绕、清淡儒雅、杨柳依依的慈湖，月夜晨昏之时的静谧，雨露岚雾中的缠绵禅意，无一不显现出江南的神韵与风范，弥散着迷人的诗性文化气氛。这里钟灵毓秀，人杰地灵，社会安定和谐。看那粉黛高墙配以小桥流水的经典，平添了慈城恬静闲适的神韵，带有北方官话色彩的方言配以精美独特的本地菜肴，陡然递增浓浓的恋乡情结。

有道是"上有天堂，下有苏杭"。虽然慈城地处江南的边缘，从版图上看，沿北纬 30° 线浙北横向逶迤的丘陵到慈城戛然而止，然而其所呈现出来的文化个性较之苏杭毫不逊色，有些甚至超越了苏杭。

慈城素有"鼎甲相望、进士辈出、举人比肩、秀才盈城"的美誉。自唐宋以来，慈山孝水，哺育了一代又一代莘莘学子，终成功名。特别是在明代，慈溪的科举成绩闻名遐迩。明代全国共计开科 90 次，取士 24000 余人，状元 91 人（因洪武三十年有春夏两榜状元），而慈溪县考中进士者有 245

冯骥才眼中的故乡

人。要知道整个明代全国只有9个县的进士人数突破200人，而慈溪县无论是从人口数还是从地域面积来看都是小县，不及其他县的一半。而中进士的数量能够远超江南人文中心杭州、苏州等府所辖的科举名县，算得上是奇迹。明嘉靖二年的状元姚涞、万历三十二年的状元杨守勤都是慈城人。

　　当你走进这座诡谲而苍凉的古城，深邃凝重的人文气息就会迎面扑来，只要你留心观察，就不难发现细节之处都曾有过惊人的辉煌。一路看，一路想，每条大街上仿佛都能梦见状元的背影，每条小巷里隐约都能听到进士的赋诗唱和，每道朱门内都能闻到文人墨客挥毫泼墨的芳香。同时这个南方官城还拥有不胜枚举的文臣武将，展示着特殊的文化品貌，演绎出惊天动地的不老传说。

　　当慈城原生态的大美呈现在你的面前，如你特别留意地域风情与人文历史，你定会深切地感受到慈城文化独特的价值。江南文化因慈城文化而底蕴更加深厚，精彩纷呈。假如把故宫当作中国古都北京的缩影，把山西平遥当作北方古代县城的缩影，把云南丽江当作西南少数民族古城的缩影，那么慈城就理所当然是江南古代县城的缩影！

〔二〕 历史沿革

1999年慈城发现的句余碑

慈城文化源自7000年前的河姆渡、傅家山文化,自春秋始设句章建制以来,拥有2500年的建城史,2200多年的建县史,1200多年的县城史,可谓历史悠久,人文荟萃。慈城自唐设置为慈溪县城,得到了历代统治者的开发治理,历经千年,风吹雨打,从浙东小县城一跃成为闻名天下的文化之乡、进士之乡、慈孝之乡。慈城的成长是世代先民辛勤耕耘的结果,也带有鲜明的时代烙印。今将慈城从唐设县治以来的社会变迁梳理如下,从建制沿革、县内状况、户口人丁、重要事件等方面进行具体描述,力图尽可能详细地介绍这座慈溪古县城的历史风貌和时代特色。

一、孕育在唐诗里的慈溪县城

唐朝是诗人的天下,慈溪县生长在诗意里。晚唐著名诗人方干(809—888)写过一首《题慈溪张丞壁》:

因君贰邑蓝溪上,遣我维舟红叶时。
共向乡中非半面,俱惊鬓里有新丝。

伫看孤洁成三考,应笑愚疏舍一枝。

貌似故人心尚喜,相逢况是旧相知。

诗中提到的慈溪,正是刚设置不久的浙东慈溪县,是唐朝名人方干献给慈溪县的一份珍贵的礼物。

唐开元二十六年(738),朝廷重设句章县,不久后首任县令房琯改县名为慈溪,并把城山的县治迁往慈城,此为慈城之地正式建城之始。

经唐初百余年的休养生息,浙东州县户口日繁,开元二十六年江南东道采访使齐瀚,奏分越州之鄮县置明州,明州以境内有四明山而得名。此后,明州(宁波)与越州(绍兴)开始分治。并把原来的鄮县分为鄮县、慈溪、奉化和翁山四个县,隶属明州,而明州、越州均属江南东道。为何把县名句章改慈溪,据清乾隆《纯德汇编》云,房琯登上慈城浮鳖山巅,见东北阚峰下巍峨耸立的汉董孝子庙,对董黯的事迹深受感动,就决定改县名句章为慈溪。唐乾元元年(758),江南东道下分置浙江东道、浙江西道,慈溪县隶浙江东道。唐时慈溪县境域虽无完整资料,但根据历代史志提及与当今考古新发现,基本可勾勒出当时慈溪县管辖的区域,即今镇海区大部、江北区大部,余姚市东部(包括大隐、陆埠等山区),慈溪市东部(包括上林湖、杜湖、白洋湖地区),鄞州区西部(主要是原岐阳、爱中二乡,现属海曙)。唐开元二十六年慈溪县置县后,全县分为21乡,为上县。当时以4家为邻,4邻为保,100户为里,500户为乡。据宝庆《四明志》载,唐时慈溪县全县人口为10500。

吴越时期,慈城为慈溪县城,慈溪县属明州管辖,而明州曾一度改名为宁波望海军。后梁太祖开平三年,即武肃王天宝二年(909),明州刺史黄晟卒,钱镠奄有其地,置节度使,设明州望海军。而慈溪县境域,除划出东北部分土地给新建的望海县(今镇海区),划出西北部上林湖区域给余姚县,其他仍旧保持唐代的县域。

吴越降宋以后,宋王朝为加强中央对地方政权的管辖,对地方行政机构予以调整。北宋建隆元年(960),改明州望海军为明州奉国军,慈溪县

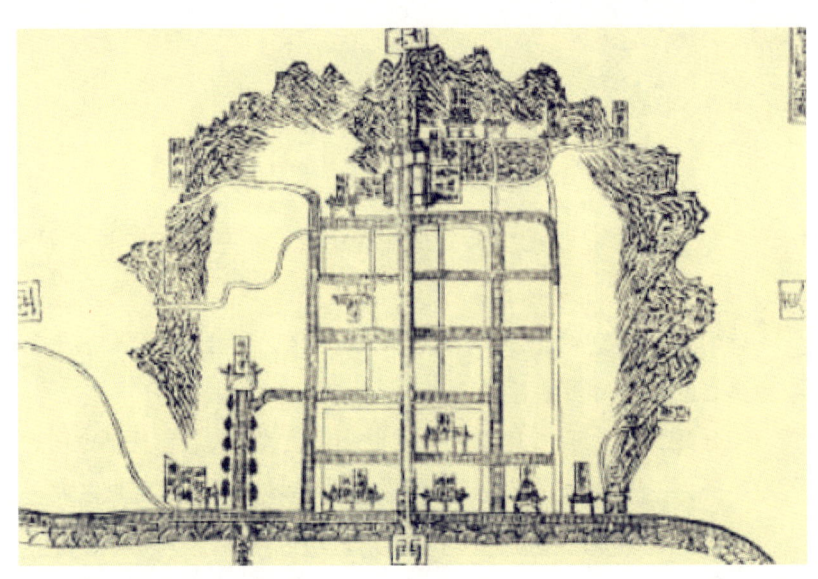

南宋宝庆年间慈溪县治图(宝庆《四明志》)

属两浙路奉国军管辖。元丰(1078—1085)中,慈溪县属明州,辖于两浙路。慈溪县境域从宋至清都比较稳定,历千年而基本未变。

南宋绍兴二年(1132),分两浙路为两浙东路、两浙西路,慈溪属明州,辖于两浙东路。绍兴三年(1133),两浙东路改沿海制置使。庆元元年(1195),升明州为庆元府,慈溪县属之,仍辖于两浙东路。

南宋宝庆年间编纂的《四明志》中辑有多幅宁波郡县地图,这是宁波郡县史上最早的地图,而同一史志清以来的版本都遗漏了这几幅地图。关于慈溪县,除前面一张郡图有鲜明标记外,另有《慈溪县境图》基本上反映北宋以来慈溪县境四边的真实情况,特别是重要山川江河都描绘得很细致,其中慈江太平桥至夹田桥之间,未人工开挖之前,慈江从慈溪县城南侧曲折流过的天然河道都历历在目。图中对慈北地区唐涂宋滩历史也进行了最有力的诠释,离北山很近的海岸线,稀稀落落的标识,以及慈溪百姓抗击海潮侵吞而修筑的海塘都有显示。《慈溪县治图》也基本绘出北宋以来慈溪县城的轮廓,也就是在唐代县城所具规模的基础上,向东进行了扩建,即增加了今民权路以东,北至今中华路东段,东至今太湖路,南至今太阳殿路中段的区域。而当时的永明寺还属郊外,永明湖已杳无影

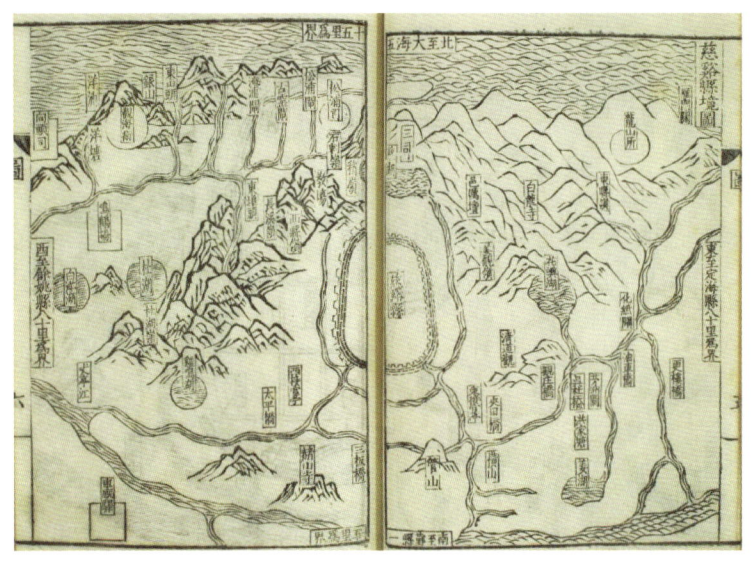

明嘉靖《宁波府志·慈溪县境图》

踪,可见那时已被填埋或面积缩小得无足轻重。慈湖当时像一只卧龟,尚无湖中堤,也不分东湖西湖。

元至元十三年(1276),元世祖于庆元府置宣慰司,慈溪县属江浙行省浙东道宣慰司管辖,慈城为慈溪县城。元至正十八年(1358)庆元路为方国珍所据。元至正二十七年(1367)朱元璋胜方国珍,改庆元路为明州府,慈溪属浙江行中书省明州府。元时期,慈溪县城内设为4坊,城外仍然设乡,改里为都、社。当时以50家为社,慈溪全县计30都、414社。

公元1368年朱元璋建立明朝,慈溪属浙江布政使司明州府管辖,慈城为慈溪县城。洪武十四年(1381)为避明国号讳,改明州府为宁波府。明初去社名图,以户为准,定籍110户为一图。复用唐宋之乡、里,并沿用元人之"都",而"都"下面改称"图"。据明成化《宁波府志》载:慈溪县计5乡30都,而图未计。明代以丁纳赋,由于当时赋税繁重,户口较多,加之灾害频繁,另有永乐时富户奉旨迁京,嘉靖时倭寇多次屠城等原因,所以丁口记载时高时低,或多年相似,颇不正确。

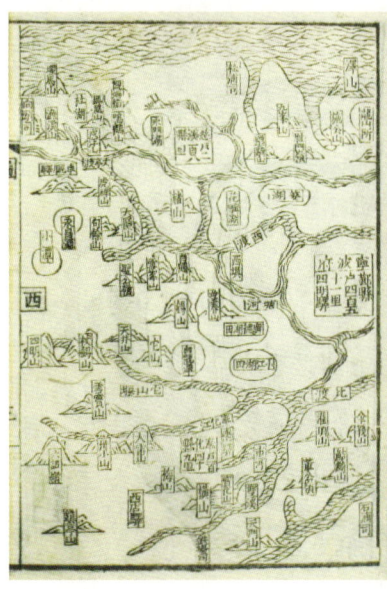
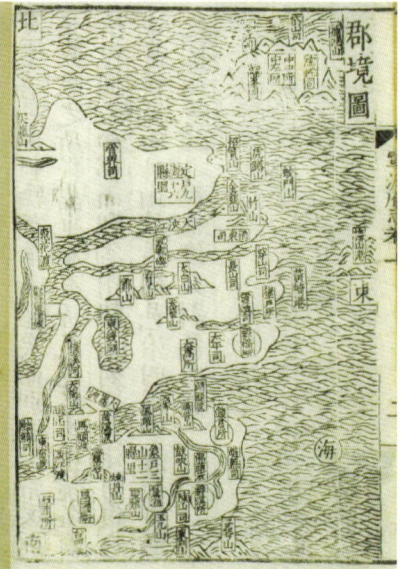

《宁波府志·郡境图》

二、永乐帝改名的慈溪县城

明永乐十六年（1418），慈溪知县不慎丢了县印，怕被歹徒获得而冒用，就上奏朝廷，永乐帝下诏改"溪"为"谿"，遂改"慈溪"为"慈谿"。按明天启《慈溪县志》云："令有失印者，请于朝，诏更铸。恐滋奸利，故更印文从谷，而名'慈谿'。""慈溪"和"慈谿"在民间则通用，本书详述中也不再区分。

慈城为慈溪县城，仍属宁波府，隶浙江承宣布政使司。

从明正德年间开始，慈溪县多次标进全国和省府地图，如现存世的正德八年（1513）《全国舆图》，绘图作者不可知，唯存图作跋者，为明成化进士慈溪县慈城人杨子器，图中标有"慈溪县"。此后嘉靖四十三年（1564）刻本《浙江舆图》中也标有"慈溪县"，还标出慈城城北石刺岭及县北观海卫等地名。嘉靖三十九年（1560）刻本《宁波府志》绘有一幅《郡境图》，图中标有慈溪县境内三十余处山岭、湖桥、渡坝等重要地名，其中有早在元末明初就被填没的永明湖和花屿湖。这幅郡图中另标有重要数字，即府下面每个县都计有里数，即当时基层居民的组织机构。当时黄册制度规定,以110户为1里,里数越多说明该县人丁越兴旺,相对也说明该县经济实力越强。此图唯一明显失误是慈溪县城方形框内却标为"慈溪县",当时"慈溪"改为"慈谿"已逾140多年,作为官方所出的《宁波府志》竟会一时疏忽。好在后面一幅《慈溪县境图》中所标"慈溪县城"用"慈谿"标注,才纠正前面府图的疏忽。另一幅《慈溪县治图》最大的亮点,就是第一次把慈溪县城绘成一口铜钟的样子,绘得是那么坚实、厚重、精美,是那么让人感到踏实和欣慰,并把新建的城墙和濠河,都完整绘进此图中。

明天启四年(1624)刻印完成的《慈溪县志》,是慈溪县至今存世的最早的一部县志,此志前面绘有县境图和县治图,而此二图完全照搬嘉靖三十九年《宁波府志》中的附图,倒是清同治年间慈城冯氏耕余楼重刻明天启《慈溪县志》,对两幅地图有许多"创新",绘得更加精美细致。但这两幅图中,把大量清代才出现的历史地名和建筑,都画蛇添足地绘了进去。如:县境图中,天启本为"东至定海县八十里为界",而重刻本改为"东至镇海县八十里为界",定海县改镇海县是在清康熙二十六年(1687),《县治图》中,把建于清乾隆年间的南门钱孝子祠、天后宫、药王庙,嘉庆年间建于抱珠山下的冯氏启承祠,道光年间建于城东北角的慈溪县校士馆、竺巷东路的俞氏宗祠,都一一添加进去。所以看古地图千万要擦亮眼睛,别被美丽的表象蒙住了眼睛,而丧失了自己辨别真伪的睿智。

1644年清王朝建立,慈溪县属浙江布政使司,不久改浙江布政使司为浙江省,省县之间设道,慈溪县属宁波府,隶浙江省宁绍台道,慈城为慈溪县城。咸丰十一年(1861)十一月,太平军李世贤部攻占宁波,曾改宁波府为宁波署。

清代慈溪县境域依旧按明朝,但根据光绪年间所编《慈溪县志》,虽县域未变,但所选"八至"不同,按照工部尺重新测量核算,与旧述有异。清初慈溪县隅图之数,仍悉明代旧图,则随时可增加或减掉。图改为以田为准,3000亩为一图。雍正年间(1723—1735),慈溪县计有177图。光绪年间(1875—1908),慈溪县计为5乡、30都、161图。

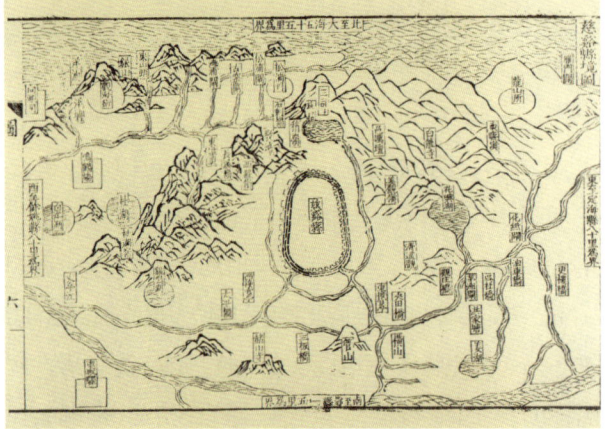

明天启四年《慈溪县志·县境图》

清冯氏耕余楼明天启重刻本《慈溪县志·县境图》

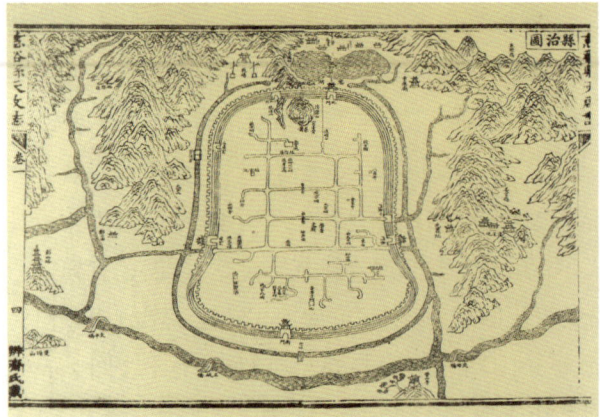

清冯氏耕余楼明天启重刻本《慈溪县志·县治图》

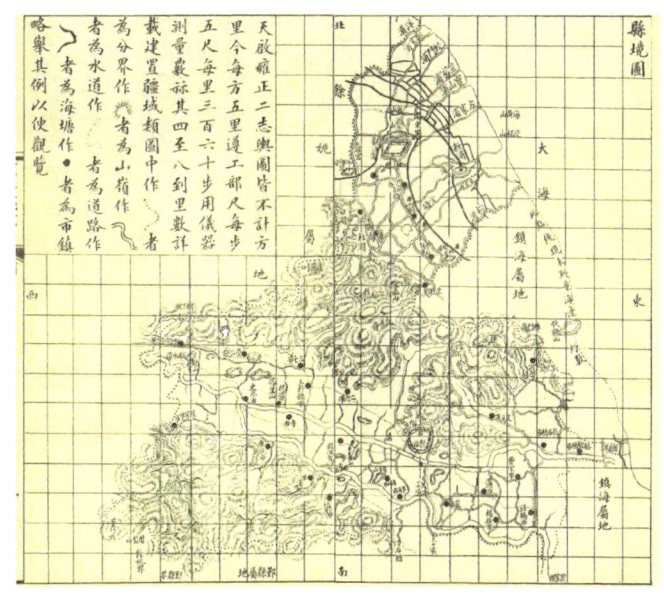

清光绪《慈溪县志·县境图》

清康熙《宁波府志》中，载有慈溪县境图和县治图，但遗憾的是都照搬照抄明代府志的附图。而另一部雍正《宁波府志》中，载有慈溪县境图和县治图，尽管也照搬前府志所绘，存在许多不足，但明显感觉绘得更加科学、精细。特别是县境图中，位置非常科学地标出古句章县治城山在姚江北面、赭山西面、慈江南面、芦山东面的位置图，这是历史性的突破。而县治图中慈溪县城墙、城楼绘得栩栩如生，城内外的标志性建筑都采用实物摹状，一看就知道该建筑的类型。

其他存世的县境图、县治图都没有署作者名，唯有此二图签着作者的大名冯弘，可见当时作者用心绘就时的那种得意和兴奋状。

1911年辛亥革命推翻清王朝，建立中华民国。民国元年（1912）废府，三年置道，原宁波、绍兴、台州三府合并为会稽道，慈溪县属会稽道，慈城为慈溪县城。民国十六年（1927）废道，直属浙江省政府。民国二十一年（1932）属省第五行政督察区，民国二十四年（1935）因第五行政督察区调整为第六行政督察区（1935—1946），慈溪县仍为其所辖。民国三十年（1941）四月，日寇陷慈溪，慈溪县政府流亡至慈南及与奉化、鄞县相交的山区。日伪在慈溪成立乡镇联合会，后改名为"慈溪县政府"，但其势力仅

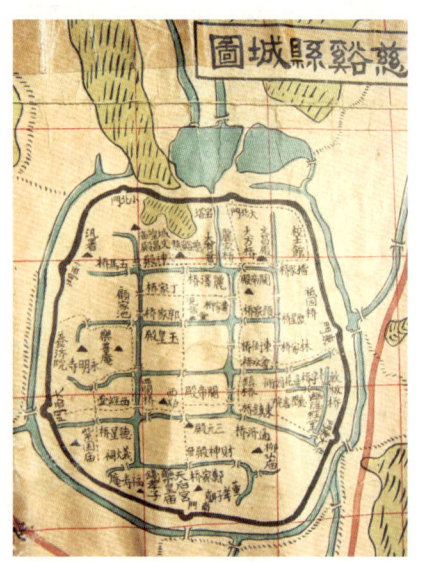

1936年慈溪县城图

在靠近县城附近的几个据点,而慈溪县广大乡村仍为国民党政权和抗日民主政权管辖。1945年8月抗日战争胜利,慈溪仍属第六行政督察区。1948年第六行政督察区调整为第二行政督察区,直至1949年5月24日慈溪县解放。

民国时期慈溪县境域沿袭之前的规定,但改旧志"八至"定界,为多方位定界,记述更为不同。正南至正北33公里,极南至极北52公里,正东至正西34公里,极东至极西46公里。

民国初仍沿用清制。民国十七年(1928)南京政府成立后,公布县组织法,推行村里制。规定县以下设区、村、里。民国十九年(1930)又将村里制改为乡镇制,乡村以百户以上之村庄为乡,百户以上街市为镇。民国二十二年(1933),慈溪县划分为6区、103乡、21镇、2656闾。民国二十三年(1934),撤区废闾、邻,编保、甲。民国二十五年(1936)复设区。民国二十六年(1937),复调整区划,更改乡镇名,仍25乡镇。民国三十一年(1942),慈溪县划分4区、42乡镇、547保、5950甲。民国三十五年(1946),慈溪县撤区,将42乡镇并为25乡镇。

1949年5月24日上午9时,中国人民解放军解放慈溪县城慈城。6

月初,中共慈溪县委员会在慈城成立。6月5日,浙江省第二区专员公署在宁波成立,10月改称宁波专员公署,慈溪县属宁波专员公署,慈城为慈溪县城。慈溪县解放之初,建立区公所4个,1950年6月区公所由4个析置为7个,划分76个乡镇。

慈溪县除1951年6月17日东乡骆驼镇划给镇海县外,其他境域与民国时期相同。1954年10月将原慈溪、镇海、余姚3县北部划为新设置的慈溪县,县治置在原属余姚县北乡的浒山镇。

自远古无余于越以后,历1700余年而始有句章,又历千年而始有慈溪,中间虽尝割据于孙(三国孙吴)、于钱(吴越钱镠)、于方(元末方国珍),不通中原有百余年。然而从1954年10月起,使用了一千多年的慈溪县名被另一个地方替代,旧有县域被拆分给相关邻县,慈溪县城,被剥离了慈城,且渐渐远去。

三、慈溪县城消逝后的慈城

1954年10月15日,根据宁波专署《关于划建棉区县和机场特区及调整余姚、慈溪、镇海县界草案》,原慈溪县在县界调整中首次被拆分为四块。1.原慈溪县山北,也称慈北部分,计24个乡镇划给新建立的慈溪县(约占原县域面积的25%)。2.原慈溪县山南,包括县城慈城,计42个乡镇划给了余姚县(约占原县域面积的65%)。3.原慈溪县东北五个乡镇(不含1951年已划给镇海的骆驼镇)划给镇海县(约占原县域面积的7.5%)。4.原慈溪县东乡,靠近宁波市区,因建庄桥机场特需,三个乡镇划给了宁波市区(约占原县域面积的2.5%)。

1960年后慈城政区的变迁:1960年10月1日慈城人民公社(俗称大公社,由13个乡镇合并组成,各乡镇称管理区),从余姚县全部移交给宁波市,宁波市直属的慈城区也随之成立。1961年慈城区所辖的洋市管理区划给宁波市甬江区(由庄桥、庄市、北郊等多个乡镇组成)。1963年7月后,撤销慈城区,原区内各个乡镇归宁波市新成立的郊区委管辖,直至

20 世纪 50 年代慈湖西部胜景

1983 年未变。1983 年郊区委与江北区合并成立新江北区，慈城镇归江北区管辖。1984 年慈城镇与慈东乡（原城东乡）合并，成立新慈城镇。1992 年慈城镇与云湖乡、妙山乡合并，成立新慈城镇。2002 年慈城镇与乍浦乡（1992 年由乍山乡与半浦乡合并而成）合并，成立新慈城镇。

【二】 千年古城

《旧时故乡图·慈城1938·城区街道水系》（郑雷孙绘）

古城是全人类的文化遗产。在中国古代，不是任何城镇都可以筑城的，只有作为最基层的县级以上政权机关的所在地，才有资格筑"城"。自公元前221年中国实行"郡县制"以来，位于浙东的慈城西南15里王家坝村是秦汉时句章县治所在地，唐开元二十六年改名为慈溪县，并迁县址于今慈城这块宝地。因此慈城两千多年来一直是"县治"的所在地，无论从哪一种意义上讲，都算得上真正的千年古城，是宁波城市之根。慈城古城严格仿照隋唐长安城井字形棋盘格局规划设计，由县城城基、街道、店铺、寺庙、民居所组成了一个庞大的古建筑群。它是中国古代城市的原生态标本，是当代研究古代县城的活化石。

一、城址以黄钟状抒写理想主义

明天启《慈溪县志》与清雍正《慈溪县志》里，皆附有两张充满想象的县境图与县治图。在没有科学方法来测定与制作地图的年代，两图的绘制技术沿袭了千年前西晋时期裴秀创造的"制图六体"，所绘制的县境图与县治图底本应该来自宋宝庆《四明志》或明嘉靖《宁波府志》，显示了作

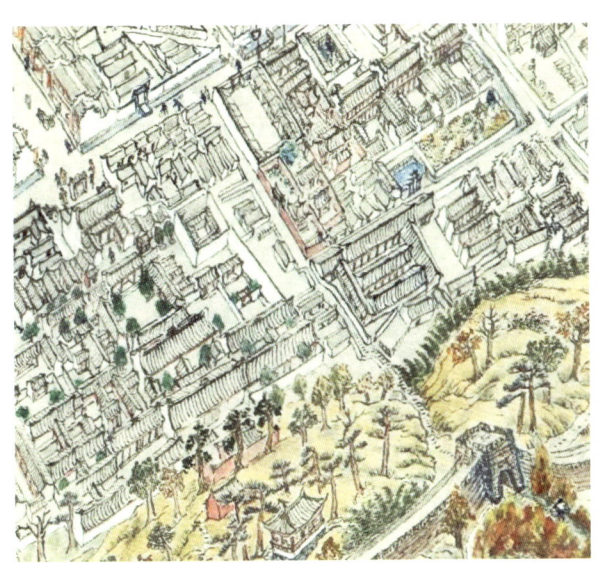

《旧时故乡图·慈城1938·县衙、城隍庙》(郑雷孙绘)

者个人蕴含着理想主义与完美主义色彩,亦寓藏文人做事循规蹈矩,做人谨慎认真的特色。图中用城墙围成一口巨大的铜钟形状,城墙似钟沿,方格布局的城中道路、水网构成了钟壁上的铸纹。而铜钟使人联想到成语"黄钟大吕"的黄钟,典出《周礼注疏》卷二十二《春官宗伯·大司乐》,黄钟是古代音韵十二律中六种阳律的第一律,大吕是六种阴律的第一律,后遂以之形容音乐或言辞庄严、正大、高妙、和谐。历史上的慈城是一座儒城,有着深厚的儒学文化积淀,有着齐家、治国、平天下的先天基因。在长期的人文浸淫中,优越的环境里会滋生恃才傲物的特性,需要一口铜钟悬在邑人的头上,时刻敲出"礼"的森然威严,奏响黄钟大吕般的浩然正气,这也许是绘图作者所要表达的警戒之意,代表慈城先贤们的社会理想吧。

二、渗透着县级"礼"序的布局

慈城街巷及建筑布局是"礼制"的内在表现,全城采用唐长安城棋盘式格局,以中轴线突出主要建筑物的布局手法,经纬交织,井井有条,动静分明,主次有别。延伸至大型建筑群亦无不如此。县衙处于城北浮碧山麓,

慈溪县衙

为县城最高点，其环境地位是全城的政治中心，县令坐在大堂上既可登高望远，又可俯瞰全城，监视黎民的行动。而县衙建筑坐北面南，从高到低，层层叠叠，院落重重。分左中右三路，中为县衙，左为县丞署，右为典史署。整组建筑气势庄严，而且中轴线一直延伸至县前大街的尽头。这一充分烘托"礼制"的布局秩序，等级分明的规划程式，在慈城其他大型建筑里也随处可见。如孔庙也是坐北朝南，竖有孔夫子塑像的大成殿为全庙制高点，分左中右三路，中为孔庙，左为文昌、魁星阁等附属建筑，右为忠孝、乡贤祠等附属建筑。孔庙前的甬道一直延伸至数百米的学前埠头。整组建筑排列有序，左右有别，上下有分，大小按级。另有城隍庙等县级重要建筑，及氏族家庙与祠堂依据"礼制"，无不体现布局秩序、等级分明的规划程式。此外慈城古城的大型公共建筑，也体现"礼制"秩序中"左文右武"的布局格式。县衙作为政权中心，居城中轴线北段浮碧山麓，居高临下为全城中心，以纪念孔夫子的文庙等文系建筑在城内东部，以纪念关公的武圣庙的武系建筑在城内西部，而且忌讳把它们建在衙门的附近。再延伸至大型公共建筑群内部也是恪守这种礼制的。如县衙建筑群布局，左为县丞署（文），右为典史署（武）。如孔庙建筑群布局，左为文昌、魁星

今日慈城小东门外用金属架装饰的城墙

阁(文),右为忠孝、乡贤祠(武)。而大型私人民居也普遍渗透这一"礼制"秩序布局。如明代钱氏"甲第世家"、清代"俞宅"都居中设堂,配以两旁两弄和厢房等附属建筑。慈城是江南保存最为完整的古县城,明清大型民居比比皆是,民风民俗古朴淳厚,更可贵的是风情和风貌呈现出很多礼制的痕迹,再现封建统治阶级的等级观念和秩序感。

三、慈城城墙的特色及传说

　　每道城墙都是城市防御的重要构筑设施,而中国最早运用版筑技术筑城,夯土城墙成为早期普遍模式。在宋或宋代以前的城墙很少包砖或用砖砌筑,以夯土城墙为主,宋以后的城或城墙上某些防御重点地段包砖。明代以后,城墙加砖砌筑较为普遍,或先外砌砖石,中间填土夯实,或先夯实筑城墙而后两侧加砖。在中国古代不是每个县城都有城墙,其实相当多的县城是没有城墙的,也有相当多的县城所筑的城墙,长期残破不堪,可有可无。而慈溪县城墙外为条石重叠,内用青砖砌顶,中用黄泥夯实,坚如磐石,美观大方。

（一）慈溪县城墙的由来

慈城最早的城垣，即是秦汉时期西南城山句章县的城垣，相传其规制四周夯有土墩，上种刺桐一类的植物，以分隔城内城外。唐开元二十六年（738）御史房琯被谪，作为首任慈溪县令迁移县治至今慈城。科学设计，按"礼"布局，夯土城垣560丈，即周长4里，城外东西挖濠河，南依慈江，北面东西段有濠河，中间依山无濠河，历经宋元而无损。

从明洪武始，为防御外族扰掠，朝廷准许全国部分府县按等级地位建造城垣。而江南的慈溪自以为是人间天堂，鱼米之乡，远离战争，高枕无忧，普遍没有想到筑城垣来保卫自己，抗击敌人。以至明嘉靖丙辰（1556）四月十一日，危险突然临近，倭寇自慈北东埠头烧杀而来，有消息灵通者谍报至县城闾巷，市民却嬉笑怒骂之，并没认识到恶魔真的悄然登门。有些人还半信半疑地登楼西望，只见倭寇筛如绘带，纷纷若蚁，自西悬岭而东来。当大家惊慌失措相互告知时，倭寇已杀入城里了！

明嘉靖皇帝得知慈溪县遭倭寇屠城后，震怒至极，马上命兵部侍郎、副都御史胡宗宪为总督，又命工部尚书赵文华视师督查，驱除盘踞在浙东的倭寇，对受难百姓给予慰问。赵文华是慈溪县城人，见惨不可睹的故乡后，喟然叹曰："令邑有外卫如女墙，贼遂能躏而入耶？城工一劳永逸，当亟为亡羊补牢计。"遂报朝廷准许慈溪建城墙，并由当年（1556）冬经始，丁巳（1557）秋竣役，费六万余金。城墙建好两年后的1559年4月，倭寇又来冒犯，自东往西，见慈溪全城官兵百姓严阵协守，倭寇害怕地躲避远去，不敢逼近县城，城墙保全了慈溪城里百姓的生命财产。

（二）有关慈溪城墙的传说

慈城城墙是古代慈溪县城的标志，研究慈城城墙也是研究慈城历史发展的一个独特角度，如从建筑学、规划学、军事学、县治学等多门学科对城墙进行研究，可写成一部大书。同时充分说明了任何一座古代城墙都并非一堵"墙"那么简单，可以说，每一座古城墙，都是一本厚重的大书，每一块城砖、每一座城门、每一段护城河，都是这本大书中的一页一行，面

1927年的慈城大北门城楼

对如此厚重的古代城墙,我们当心存敬畏。

慈城城墙迤逦近十里,建筑结构暗合《易经》中阴阳八卦的理论,以阴代表人的皮肤,阳代表人体的血液循环,而阴阳家则将此种关系附会成墙与墙所围护的空间之间的关系,所谓墙为表面,代表阴,内部空间象征血液组织,代表阳,阴阳不可缺少,这也许是中国城市不能缺少围墙的主要原因之一。这种阴阳关系的进一步推行,决定了一些城市的城墙乃至整个城市的空间形态与平面形状。故城墙与城址四周的地形发生关系,一般的做法是:其一,使城墙东西两墙的透视灭点指向城市龙脉主峰。慈城城墙完全符合此种关系,东西两边城墙从大东门北侧与大西门北侧之间最宽处,向北慢慢收窄,产生透视灭点为龙脉八面山主峰;其二,根据古代《宅经》说法,东北为鬼门,邪气、煞气多由此方来,故须在此方用一完整墙面抵挡,这种说法对慈城城墙产生极大影响,由此从小东门至大北门之间,在这段较长的城墙中间没有开门,进一步证实当时建城时考虑过《宅经》说法;其三,慈城城墙的形状亦有一些特色,也是偏好某种动物的结果,如形如龟背,暗喻慈城为龟城,这恐怕与远古时期"龟卜"选址有关联,另一方面龟为灵物,故而随年代的变迁,有关龟与城市的传说也日

远处横着的山即为八面山旧照

益增多,并形成一种爱好——以城市模拟龟的形状,慈城外形正是在潜移默化中从铜钟状变为乌龟状。

古人对待城门像对待自己家的门一样,非常喜欢用风水理论设置城市之门,据《阳宅会心集》卷下《开城门论》:"城门者,关系一方居民,不可不辨,总要以迎山接水为主。"古人的风水理论认为,一城的东南西北四个方向中,以西方之门较难与水势及山势相合,慈城建城之时形家先观看大致地形,见西北方彭山浦来水太凶,恐对城围不利,又关一县文风兴衰,故在大西门外不远处,专门建有观音阁、横碧庵和延爽亭(俗称新凉亭),以弥补风水的缺陷。门楼的做法也有讲究,慈城南门原建有城楼,后听形家言容易起火,因慈城南面是赭山,属离,属火,故后不设城楼。清道光《溪上遗闻集录》载:"道光二十五年(1845)于东西北三城上各建敌楼,独南门未建,防火灾也。"又清同治冯本怀《重修慈溪城河记》载:"至于邑城门堞楼,夷扰后所重建,当时以形象言独虚其南,添设之以壮形势,此所谓推广及之者也。"还有慈城城门暗合"四灵"的说法,东面是青龙,西面为白虎,东面的城楼必高于西面城楼。另嘉靖时城垣建成后,有形家言,怕危及从北山下来进城戏珠一条主龙脉,建议开辟小北门透气,于是明万历时

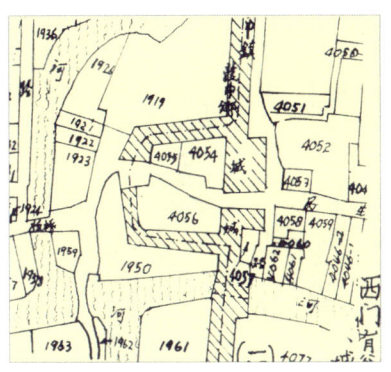

慈城西门瓮城示意图

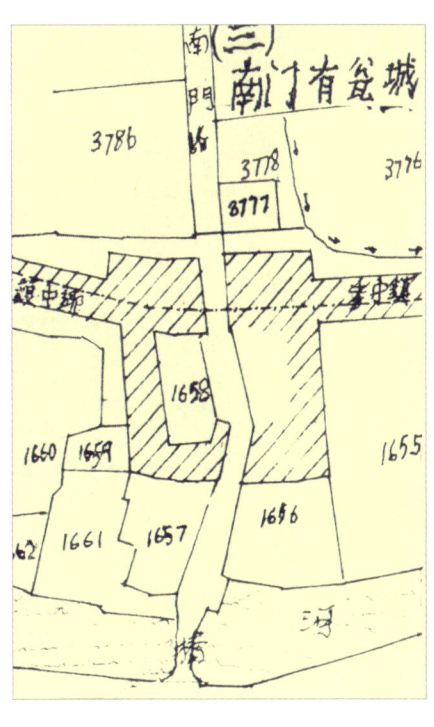

慈城南门瓮城示意

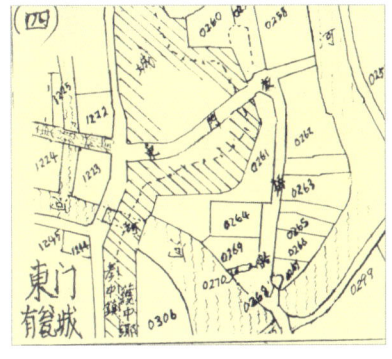

慈城东门瓮城示意图

邑绅捐资，专门在龙脉处挖开城墙建造小北门城楼。

  瓮城又称月城，即围在城门外的小城，是古代城池中依附于城门，与城墙连为一体的附属建筑，多呈半圆形，少数呈方形或矩形，而慈城瓮城均属于方形。慈城除北门外，东、西、南三个城门都有瓮城，瓮城高与城墙相同，瓮城城门开在侧面，即慈城三个瓮城的门与主城的门是不在一条直线上的，以便在大城和瓮城两个方向抵御攻打瓮城城门的敌人，这也是当时营建制度定的。慈城瓮城设内、外门，平时检查来往过客，有可疑时报警即可关上两座门。瓮城内被关之敌人即成"瓮中之鳖"。但为何北门不设瓮城，有人说邻近慈湖，没有空地可利用，有人说北面是群山，又不是慈城主城门，敌犯的危险相对较小，这大概都是黎民百姓私自推测，其实北门不设瓮城也与风水有关。前面说过，慈城其实暗喻有双龟，慈城是龟城，而慈湖也是龟湖，千年俯伏在城北山麓下

华尔率领洋枪队进犯慈溪（《宁波旧影》）

守卫一方宁静的家园。慈湖本来为一个天然湖，宋时普济寺僧筑堤湖中，贯通南北，以便往来，而变成东湖、西湖两湖。关于慈湖中堤历来遭形家反对，说类于狮子中箭，毁坏慈湖完美的风水，甚至历朝绅士尝议掘除中堤，两湖复为一湖，以复原慈湖的完整和生机。但慈城毕竟是一座儒城，儒家思想占主导地位，对于形家所言大多一笑了之。另外慈城大西门瓮城，在第二次鸦片战争中曾书写过光辉的一页，洋枪队头目美国人华尔统领一千"常胜军"，在英法侵略军和清军兵勇的配合下，进犯慈溪县城，遭到太平军英勇抵抗。当1862年9月21日，华尔带兵来到大西门外察看城内情况时，被躲在瓮城上的太平军用炮火击伤，据清人记载："弹自背出，华尔仆，从人救之回船"，这个沾满中国人民鲜血的刽子手，次日就一命呜呼了。在那次战争中被毁坏的西门瓮城边角，至民国时还未修复。慈城瓮城外都有濠河，并设有木质大吊桥，故慈城大西门今地名还叫"西门板桥头"。瓮城内外皆铺有大条石，门顶皆建有木结构重檐歇山式城楼。至民国时，古代那种肉搏式兵刀逐渐被淘汰，取而代之的是现代化的威力强大的枪炮，慈城瓮城也逐渐失去卫城护家的功能，继而荒废，变成小百姓的住家及小店。慈城每个瓮城都立有一

慈城南门（郑雷孙绘）

块或多块刻满文字的大石碑，托碑的是一只石龟，数年前有人还见过石龟被遗弃在大东门的濠河里。

四、龟背状的慈城街巷充满写实主义风格

前面谈到慈城城址曾被绘成富于理想主义色彩的铜钟状，但清末随着科学测绘技术的不断发展进步，慈城古城逐渐露出龟背状原貌，与民间街坊一直称慈城为龟城相符。慈城街巷方格网状的空间格局，首先源自古代的"井田制"。井田制是西周盛行的奴隶社会土地国有制度，那时道路和渠道纵横交错，把土地分隔成方块，形状像"井"字，因此称作"井田"，后来这种农耕形式在城市街巷上的反映结果亦以此来称呼。在井田制街巷为形制所导致的县城"缩三衡六"的基础上，慈城早期先人刻意将主城区改造成龟背状，通过挖河开渠，将城址地面整理成中央高周边低的穹形。据测量，中轴线上的地面比周边城区高出半米多，而城区地面又比城郊水田高一米以上。从清光绪慈溪县治图就可以发现：慈城像是一只向北俯伏的神龟，头就是县衙所在地浮鳖山，正在汲引慈湖"圣水"，这是多

清光绪慈溪县城图

么美好的寓意,怎不令人想入非非,梦魂神往。而"龟背"中心主骨,即为县前大街,是县城的中央南北向的中轴线,托起"龟背"的是四条框式主街,辅助"龟背"的是二十七条次街,另有联通"龟背"四方脉络的一百多条小弄。作为历代修造县城的先贤们,不会仅仅被阴阳家牵着鼻子走,许多人头脑里也藏有科学的思维,根据我国南暖北冷的气候特点,直接导致了建筑面南背北、背风向阳,间接导致了城市道路系统以南北方向为主。所以慈城道路网多为方格形,以南北为主,东西为辅,这种街道便于交通,街坊内便于布置建筑,更便于城内居民日常生活。

(一)慈城龟背形的城市形状奠定于明万历时

明清以来慈溪县留下来三部史志,所记载慈城街巷,皆是宋元遗留下来的范围和名称,少有史者的按时扩充与添补。慈城古城的交通脉络,据史料记载,明嘉靖建城墙后,曾举行过两次较大规模的整顿修筑和街巷改名。第一次在明万历年间,虽然嘉靖间城墙已建好,但城内还是乱象丛生,到万历年间乡贤们就提议修筑马路等基础设施。其实这是个系统工程,要牵及方方面面,难度之大可想而知。当时地方名士湖广布政使冯叔吉

著有《慈溪县复马路议》一文,再现了当时的情景:

嘉靖三十五年(1556),县治遭倭寇焚毁,六年乃兴城筑,以士民负郭之产,阛阓之居,佥为城基、马道、池隍,约动费田地居址百亩。此为县治百世计,故无所惜及。城成,而亩价难尽补,粮税难尽蠲。当时郡邑大夫目击困苦,将初议马道一丈五尺量从省减,但盈丈以外田听耕种,地听蔬圃,屋听葺居,仍还民业。此下以己产奉公,而上以余产便下,是上下交相济也。四十年来两次丈量起,粮归户,买卖无禁。今且视为膏腴,其或阻山沿堑不足一丈者,亦形势使然,非豪强侵占者可以例论,至今而必加增五尺,则撤墙屋坏,良田荒肥坏,官任棰楚枷罚之。怨民起悲号哀吁之声后,有改号豁税之扰,所谓外变未形,而内患先罹也。如止照见存马路则多于一丈者,仍旧不及一丈者补足,污者高之,堑者平之,号不必更,粮不必豁,所谓四民乐业而颂声可作也。斯亡者利害悬甚乞怜,疮痍之遗,黎难再损业。方九里之山,城原非通会平,负郭之膏腴,奚忍践履,鲜乘马之。孤邑何取阔步,原无侵占,似难增益,唯将见在一丈以上者,悉仍其旧,不及一丈者,不论房屋田地悉令补足。其山石难凿,处所虽不及一丈,必难凿。即为定制,官民永守,则地不改辟,民不改聚,慈邑功德当世世已。

清代时街巷修修补补也是常有之事,但还是基本保持明万历时的原名原貌。而再一次改名是在民国二十一年(1932),慈溪县政府把慈城重要街巷名称进行整顿,并改名换姓,多采用了孙中山先生提倡的富于三民主义思想色彩的名称作为街巷命名,以显示当时慈溪县作为全国模范县的表率作用。再一次大规模整修是在民国二十二年(1933)。

(二)慈城古城内游动着一百多条小弄

其实慈城每条小弄都流传有生动的故事,只是少有人征集,而好多被

下横街铜店弄

太阳殿路花园弄

岁月的尘沙所湮没。

过去慈城的街路分为三种，大一点的称街，稍次之者称巷，再稍次之者称弄。而明清《慈溪县志》里只有街巷有专门记载，而没有关于小弄的表述。县城里主要大街称街，次要小街称巷，有些大一点的弄堂也称巷，而特别多的小弄几乎没有记载，甚至连名字都没有，只是百姓间有俗称口传，千百年来自生自灭。称"路"和"弄"应是晚清以后的舶来品，或受上海都市的辐射影响，或外国传教士在慈城布道遗留的结果。民国慈溪县政府在1932年整顿街巷时，把慈城主要街巷更名换姓后，把多数街巷改成路，也为大多数的弄堂定名，有些或许是因其他原因当时未取名，或取过后被遗忘丢失，成为无名弄堂。

其中，用姓氏命名的弄有冯家弄、刘家弄、桂家弄、何家弄、林家弄、许家弄、陶家弄、汤家弄、方家弄、邬沈弄、蔡家弄、袁家弄、葛家弄、韩家弄、叶家弄、钱家弄、童家弄、贺家弄、杨家弄、居家弄、包家弄等；以商业特点命名的弄有老邮局弄、当店弄、茅家水仓弄、铜店弄、茶坊弄、醋务弄、卖丝弄、米店弄、酒坊弄、伞店弄、皮匠弄、石店弄、糖坊弄、香粉弄、轿店弄、买柴门头弄等；以建筑特点命名的弄有王家祠弄、冯祠弄、进士第弄、文武进士第弄、张太守房弄、外翰第弄、张家园弄、教堂弄、东庙弄、西庙弄、石柱弄、亭头弄、桂驸马弄、牌楼弄、井弄、社坛弄、鲁班殿弄、串梭堂弄、西经堂弄、玉皇阁弄、观音堂弄、柳山庙弄、倒大厅弄、小关圣殿弄、朝北门头弄、瓮城南弄等；以人神特点命名的弄有火神弄、文种弄、先师弄等；以其他特点命名的弄有花园弄、学弄、顺四弄、河头弄、新弄、秧田弄、土水弄、桂鸣子弄、孝义弄、慈溪弄、后弄、九曲弄、营边弄、蔷薇弄、垃圾弄、讨饭弄、粪缸弄等。另有数十条无名小弄。

五、慈城独特的县级建筑

县城在中国两千多年来一向是中国古代基层政治、经济、文化、社会中心。在历史的长河中，每个县治都沉积有许多历史的建筑，如官府、寺庙、祠坛等。其实古代有些建筑是有等级的，不是你有钱有权就可以任意妄为，弄得不好可要背上杀头罪名的。有许多建筑只有县城才有资格拥有，有些建筑虽然不一定是县城独有，但只有县城才有资格建造县级规格的建筑。而长期以来作为慈溪县城的慈城，保留着中国传统县城的完整形态，延续千余年的历史文脉，耸立过许多只有县城才有资格修建的人文地标，承载着慈溪县四乡百姓的独特文化。至今慈城还存有县城独有的建筑，代表有：涵盖中国古代基层政务文化要素的县衙，映射中国古代科举事业全景的校士馆，浓缩儒孝文化精髓的孔庙，渗透着道教思想的城隍庙。走进慈城，似乎一伸手就能触摸到古代县城跳动千年的脉搏，无一不在诠释慈城的发展轨迹和成长历程。下面选择慈城一些作为古代县城独特典型的建筑具体阐述。

（一）慈溪县衙

我国古代每个县都有知县，有知县就有其办公场所——县衙，随着

今慈溪县衙仪门

岁月的风沙吹打,或跟不上时代前进的步伐,至今几乎每个县衙都已旧貌变新颜,失去历史上长期固有的形制和格局。慈溪县衙的重建出世,过程本身就是一个奇迹,是目前江南唯一在世县衙建筑。慈溪县衙创建于唐开元二十六年(738),首任县令房琯把县治从十五里外的古县治城山迁至慈城,筑县衙于浮鳖山巅。慈溪县衙初建在浮鳖山上,由于外敌入侵和自然灾害的关系,屡建屡毁,明嘉靖时迁徙至浮鳖山南麓,即今县衙的位置。慈溪县衙(含县丞署)占地四万多平方米,有厅堂楼阁一百多间,涵盖我国基层政权机构政务各类要素,是今天了解古代县官老爷生动形象的活教材。慈溪县衙的建筑根据风水理论及县衙规制,坐北朝南,设中轴线,立大堂为正厅,再围绕大堂错落有序地展开,构成气势雄伟的建筑群。整个县衙布局严谨,层次分明,廊道相接,亭台楼阁,浑然一体。慈溪县衙在二十世纪六七十年代部分改建为某机关办公用房,21世纪初根据清光绪原图修缮重建,是江南地区迄今唯一存世的古代县衙。

(二)慈溪县丞署

位于慈溪县衙的东侧。县丞是古代县令的副手,级别相当于今天副

唐代慈溪县衙内官道

今慈溪县衙大堂

县长,为县里二把手,主管文书档案、仓库、粮马、田赋等事。县丞署就是县丞办公场所,前面厅堂是平时与人商议、处理日常职权范围内重大事务之所。慈溪县丞署始建于北宋初年,址在县治东南,崇宁五年(1106)改为簿厅。明县丞署在县治左头门,其建筑格局为屋三间,仪门一座,正厅一间,边房四间,前后小屋共六间,后堂一间,边房四间,两旁正房四间。清县丞署在县治之东,其建筑格局为头门三间,仪门一座,正厅一间,边房四间,前左右小屋共六间,后堂一间,边房四间,两旁正房四间。道光二十二年(1842)被侵华英军烧毁。道光二十五年(1845)重建。道光二十九年(1849)县丞邓恩锡修葺廨宇,其正厅匾曰"不负斋"。咸丰十一年(1861),又遭太平军拆毁。同治五年(1866),邓恩锡重修。其格局为正厅三间,南向,左厢屋一间,为门房,右花厅三间,正厅前仪门一座,门左土地祠一间,头门三座,正厅后为穿堂,右侧厢房一间,东向。又后堂一间,左右厢房各一间,又右披屋四间,西向。堂后正房三间,又后小屋三间。今天的慈城县丞署正是按照同治年间格局原地重建,再现当年县丞生活工作的场景。

抗战时期被日军炸毁的孔庙大成殿（张介人供照）

（三）慈溪县典史署

位于慈溪县衙的西侧。典史由原县尉职能转变而来，为明清时县令的下手，主管兵役、牢狱、治安等事。典史署是典史办公场所。慈溪典史署始建于北宋雍熙元年（984），址在县治东南，东为亭堂，县尉毕仲荀记。园有"三友亭"，后改为"雨香"，复改为"华绿"。又有"无我亭"，明永乐年间翁忱建，有记，后改为"劲节亭"。元佐治厅即典史署，在县厅事之东。明建在丞廨东，其格局为头门一间，仪门三间，正厅一间，左右房二间，前左右小屋四间，后堂一间，边房二间，左右小屋四间。清顺治三年（1646），裁主簿，以明主簿廨作典史廨，以典史廨作驻防廨，在县治之西，头门一座，仪门五间，后堂及边房共五间，前后小屋共四间。道光二十二年（1842）被侵华英军烧毁。道光二十五年（1845）重建。咸丰十一年（1861）又遭太平军拆毁。同治间（1862—1874）经典史黄成瑞、晏隆吉修葺，其格局为正厅三间，南向，其左花厅三间，右书房一间，厅前仪门一座，头门三间，门左土神祠三间，正厅后正房五间，右边房一间，又左小屋二间。光绪八年（1882），典史张星煌重修。今天慈城县衙西面一大块空地，即为原典史署的旧址，待根据光绪旧图仿制建成之时，可再现旧慈溪县典史署的真实

今慈城孔庙全景

情景。

（四）慈溪县孔庙

孔庙是用来祭祀我国古代伟大的思想家、政治家、教育家孔子的地方，古代每个县为提高文风，多出人才，几乎都建有一座孔庙，不但是纪念孔子，更多的是给一县文人学子鼓劲。慈溪县孔庙位于慈城竺巷东路，宋雍熙元年（984）初建于县衙西四十步，即今城隍庙地基，先师殿（即大成殿）居其中。宋庆历八年（1048）迁至现址重建，时为鄞县令，后成北宋名相，被誉为"中国十一世纪改革家"的王安石撰写了《慈溪县建学记》，它记述了慈溪人文的兴旺，风俗的淳厚，学子渴望成材以及孔庙兴毁的过程。原碑刻于宋庆历八年，历元、明至清，道光时因兵灾被毁，现碑是清咸丰八年（1858）重刻，立于大成门边墙上，佐证了慈溪县孔庙悠久的历史。当时慈溪县令还聘请名师、邑人"庆历五先生"中的杜醇为师，不久一县的文风为之一振。慈溪县孔庙千年来累有兴毁，至今仍保持清光绪年间原貌，占地约1万平方米，建筑面积约4000平方米，除主体建筑孔庙外，设有县学，县属的教育行政机构"教谕"和"训导"二署，另有附祠八座，共

慈城孔庙的石狮与下马碑

有各类房屋137间。中轴线上由棂星门、泮池、跨鳌桥、大成门、大成殿、明伦堂、梯云亭等组成，左右轴线上也对称分别建有魁星、文昌、土地、崇圣、孝节、名宦、乡贤、广文等祠堂。孔庙四周南至竺巷东路、北至太阳殿路、东至绿化地带及孔庙广场、西至民居，四周均有红色高墙，外留滴水2尺余，整个建筑布局完整，坐北朝南，气势宏大，至清乾隆时已是"规模宏敞，庙貌巍峨，四方过而谒者，称为宁郡六邑之最"。这座在宁波六邑中称雄的恢宏的孔庙，也是浙江省至今唯一幸存下来的古代县级孔庙，2006年被列为全国文物保护单位。

（五）慈溪县城隍庙

城隍是中国民间和道教信奉的守护城池之神，有城池的地方必有城隍庙，每当慈溪县新官到任，必先宿斋城隍庙，以向神誓，并称城隍神于冥中司民命，且有监视纠察官吏之任。慈溪县城隍庙在县衙西四十步，址在今慈城中华路，始建于唐开元二十六年（738），其后废置无考。宋咸淳四年（1268）重建，后历朝累有修葺。明洪武二年（1369）敕封为监察司民城隍庙显佑伯，后改城隍庙之神。洪武四年（1371）拓其故址增建祠宇

清光绪慈城校士馆图

20世纪50年代校士馆外景

廊庑及左右门。嘉靖三十五年（1556）慈溪籍工部尚书赵文华重建两庑、后寝及中门。万历三十九年（1611）县令陈其柱、邑人邵相等改建：左建文昌祠，右祀尚书赵文华，以其有功于慈也。岁以春秋仲月，合祭城隍神于山川坛。清康熙三十四年（1695）知县方允猷暨邑人重建正殿。康熙三十六年（1697）知县罗万象暨邑人重建前殿，正殿东翼祀鄞江先生王致，西翼祀龚侍郎慎仪，前殿东祀财神，西祀赵文华，又前为大门，门之东为观音殿，西为三官殿，后为寝殿。嘉庆二十四年（1819）重修。道光二年（1822）重修前殿，道光四年重修大殿及廊庑门屋。咸丰十一年（1861）被太平军拆毁。同治九年（1870）邑人冯本怀募捐修建，规模已为宁波府六邑之最。民国二十年（1931），城隍庙改设由通俗讲演所、通俗图书馆合并的慈溪县民众教育馆，抗战前部分建筑征为驻国军，抗战胜利后部分建筑为国军弹药仓库，1946年因管理不善，发生大火爆炸，庙宇被毁，并殃及周围民居。现重建的城隍庙建筑按照清代规制，坐北朝南，庙院宏大，布局完整，是中国道教庙宇殿堂的典型建筑形式。殿宇戏台层层叠进，厢房配殿纵深相连，贯穿一体，既有寺庙殿堂配置特色，又具官署建筑风格，其神学意趣和"前朝后寝"的功能十分明显，是目前国内恢复得最完整的城隍庙之一。

今校士馆内景

（六）慈溪县校士馆

科举制度是中国历史上通过考试选拔官员的一种基本制度，它创始于隋朝，确立于唐朝，完备于宋朝，兴盛于明清两朝，废除于1905年。明清时的科举制度分为童试、乡试、会试和殿试四个阶段。而慈溪县校士馆（就是民间说的考棚）是童试之地，是科举制度中最初一级的考试场所，即每年举行一次，应试者称为"童生"。童生须经过县、府、院三个阶段的考试，及格者称为"生员"，俗称"秀才"。因建校士馆花费巨大，且一年利用不了几天，再说考试临时场地按老规矩设在县衙、孔庙，所以全国多数州县都未建这座科举专用的"奢侈品"。慈溪虽是地域面积上和人口上的小县，却是文化、经济和人才大县。清道光十五年（1835）前，慈溪县每次参加县试的童生多达七八百人，但无专用考场，县衙的厅堂、房间、檐廊、过道，都成为考试的场所，若遇风雨，更使童生无法展卷作考。清道光十五年，慈城半浦郑氏佑启堂乡贤郑廷荣、郑一夔父子见此情景，慷慨捐银三万两，经过一年动土施工，于道光十六年（1836）建成了这座被誉为慈溪科举史上的盛举的校士馆。此馆占地近8000平方米，建筑面积近2000平方米，有正厅五间，左右两廊，考屋六十九间，每三间筑低墙一道，

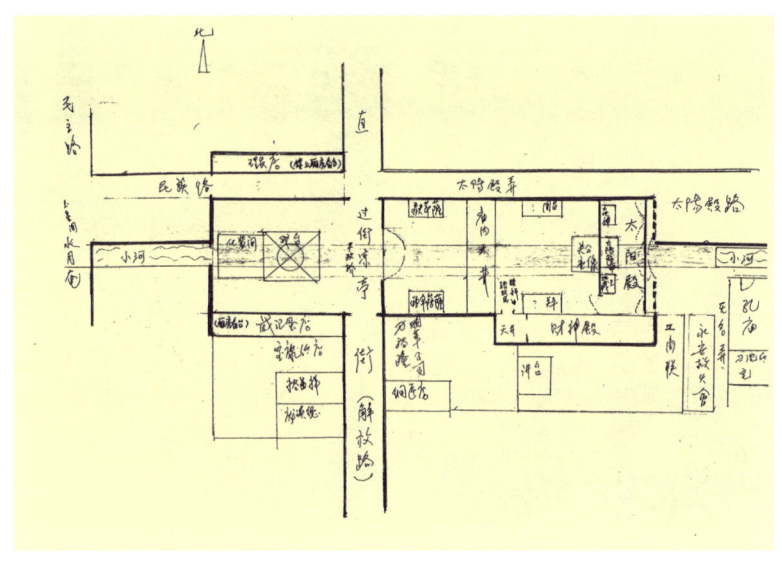

慈城旧大关圣殿平面图（周华通绘）

外留见天（可以看见天空）一方，每间考桌四张，考凳四条。仪门外左侧土神祠三间，右侧门房六间，正厅后正房五间，又后挑试前列所五间，皆南向，又后东北隅韩昌黎祠三间。同时邑人杨元骧又捐地四亩有奇，宗人郑诏于正厅西北隅捐建黄文洁公祠三间。咸丰十一年（1861）被太平军拆毁。同治二年（1863）邑人桂馥、凌庆铉、冯可镛等筹款重修。民国初此馆改办为慈溪县普迪二校，抗战胜利后归慈溪县立中学校舍，不久归还政府使用。20世纪六七十年代部分建筑被改建，21世纪初按照清同治年间规制重建修复。慈溪县校士馆是县城的一个重要建筑，它是一个时代的文化缩影，折射出中国古代科举制度的全景。

（七）慈溪县大关圣殿（武庙）

慈溪的县级文庙为孔庙，也有县级武庙，即关帝庙，慈溪人称大关圣殿，也称"显灵义勇英济王庙"。址在慈城县前大街平政桥东侧，而戏台建在平政桥西侧，下面是河，过街有月洞门。大关圣殿是纪念三国蜀汉大将关羽的庙宇，因关羽为人忠直仁义，广受民间尊敬，历代尊称为关公、关帝、关圣、关圣帝君、武圣等。慈溪民间相信关帝具有司命禄、佑科举、治

梅调鼎书写的匾额"寓褒贬",原挂大关圣殿戏台上

病除灾、驱邪避恶、巡查冥司,乃至招财进宝、庇护商贾等多种法力。每年五月十三关圣帝圣诞日,慈溪各界热心人士会在大关圣殿举行祭祀关公活动。大关圣殿前殿奉关帝神像,后殿奉敕封三代裕昌公、光昭公、成忠公神位,还邀请本地有名的剧团及外地京剧戏班子来演大戏,免费供各界看三五天。此庙历代皆有毁建,初建于宋代,明嘉靖三十五年(1556)毁于倭寇,嘉靖三十七年(1558)重建。万历四十五年(1617)改封"三界伏魔大帝"。天启二年(1622)冬火烧毁,天启三年(1623)重建。清雍正五年(1727)奉旨:每岁春秋及五月十三日致祭,褒封三代祀于后殿。咸丰四年(1854)升为中祀,设乐舞、如丁祭礼。咸丰十一年(1861)殿毁于太平军。同治三年(1864)重建。光绪十一年(1885)重修,光绪二十六年(1900)又重修。慈溪大关圣殿占有地理优势,处在全县最繁华最热闹的商业街市中心,做生意的商人交际面广,要跑三关六码头,接触多方面人士,所以"在家靠父母,出门靠朋友",特别讲究义、信、诚,最反对一锤子买卖的欺骗行为,不会欺行霸市,以次充好,短斤缺两,损人利己,昧着良心赚黑心钱。于是明清时由慈溪商界在庙内建有关帝会(类似民国的商会),以关羽这位被誉为"忠孝节义"的化身为榜样,在商界同行间崇敬义、

光华路酒税务遗址的砖雕门楼

信公德,即生意买卖,老少无欺。民国时,关帝会每年正月中旬进行商会活动,由担任会脚(也叫会柱)的殷实商户组织举行,会脚按天地玄黄四序,它们是:"天",代表穗芳南货号,百余年老店,前店后场,产销油包、蜂糕与香干而闻名四乡;"地",代表二成斋药店,石库门面,底子厚实,所卖的丸散、胶丹全是家传秘方配制;"玄",代表刁裕隆香烟批发店,规模大,实力雄厚,代理英美烟草公司与南洋烟草公司香烟,销售"小仙女""老刀""美丽""白锡包"等高档牌子的香烟;黄,宝康文具店兼慈溪唯一的印刷厂,印书,印报纸。这四家商家刚好处于大关圣殿的周围,也是县内较著名的商户。

(八)慈溪县酒税务

酒税务是古代县政府专门收取酒税的机构,宋宝庆时设在慈城东横街,后迁址至今城东南光华路。据清光绪《慈溪县志》,酒税务始建于宋至道二年(996),此后历经毁兴。现存台门和三间税收大厅,两边各八间厢房,中间一楼梯间。大厅纵深十余米,额高于楼顶,与两边楼房相连接,大厅前后均为道地、围墙,把主体房屋构造成"日"字形,前后围墙上刻有固

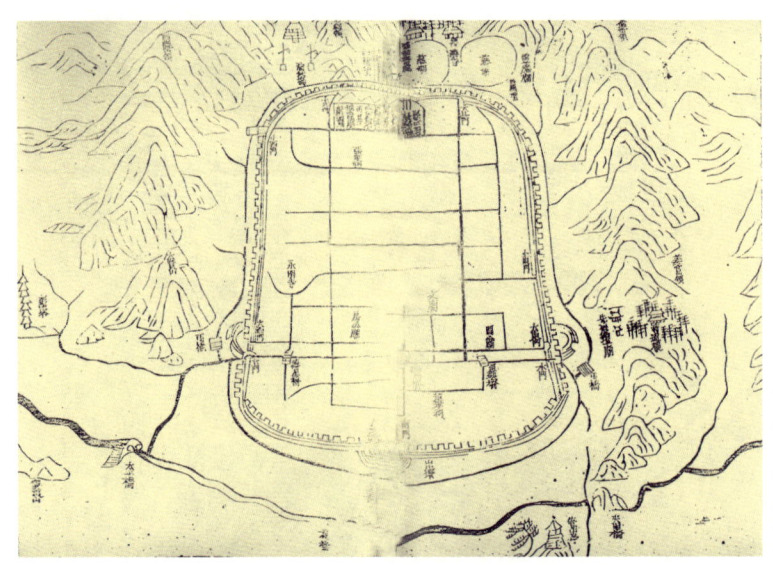

雍正年间的慈溪县城图中有先农坛、山川坛、邑厉坛标记

定标语和六畜禽类图案，前围墙上书八个字："俾尔戬谷，馨无不宜。"后围墙上部书画部分已被居民建房当作内墙损毁。最具有明显特征的要算税收大厅面前的四只窗棂，按坐西朝东的方位排列，中间为厅堂间，窗棂上的图案告诉人们，南边（右侧）是算账间——窗棂上的图案刻着办公桌、算盘等；北边（左侧）是收钱间——窗棂上的图案刻着收入笔筒中的单据、铜钱等。把税收大厅的分间列室用图形镌刻在窗棂上表现出来，像现在的科室牌一样起向导作用，也给后人留下了宝贵的历史物证。现存的酒税务遗址，占地面积有2000余平方米，建筑面积1200余平方米，其中税收大厅130余平方米，两边办公用房800余平方米，东西两头辅助用房200余平方米，除东头围墙外遭受破坏外，整体结构基本保存完整，是古代县级机关的一处重要建筑。

（九）慈溪县社稷坛

社稷坛是县立四大祭坛之一，为县城标志性建筑，供县令祭祀天地神灵之用。社是土地神，稷是五谷神，两者是我国古代农业社会最重要的根基，所以上至朝廷所在地的京城，下至地方各州县，普设社稷坛对土地神、谷神进行祭拜，来祈祷土地给予恩赐，祈祷谷物丰收。慈溪县社稷坛最早建于宋初，址在县衙西南一百步，建炎二年（1128）县令林叔豹始建斋宫，久而圮。绍兴二十一年（1151）县令陈良翰再建。嘉定八年（1215）县令俞昌言又重建。元在县西南郊，今下横街鹅行跟北侧。明在县西北一里，今小北门外西北二百米许。洪武二年（1369）知县耿让重建。嘉靖三十六年（1557）知县刘子延以其地为演武场，而移坛于北门外演武废址。祭祀时间为每岁春秋仲月上戊日各一次，即农历二月、八月的上戊日行祭。按《大清会典事例》雍正二年（1724）奏准：省府州县祭社稷坛，府称府稷之神，在州县则称州县稷之神。祭祀社稷坛的供品陈设也有仔细规定，每祭用黑色帛各一，白瓷爵各三，羊一，豕一，铏各二，簠各二，簋各二，笾各四，豆各四。有司致斋，二日界期，朝服祭于坛。

（十）慈溪县邑厉坛

邑厉坛是县立四大祭坛之一，为县城标志性建筑，俗称北坛。由官府出面祭祀一县内四处作恶的孤魂野鬼，就是使其有所归，不做厉鬼，危害百姓，危害社会。慈溪县邑厉坛最早建在北门外半里普济寺东，清朝道光十一年（1831），以其地建慈湖书院改筑于普济寺西面袁峰南麓，即慈湖中学原五四楼北面。同治七年（1868）知县贺瑗重建坛宇。按《大清会典事例》顺治初年规定，直省州县各立厉坛于城北郊，每年清明日、中元节（农历七月十五）、十月朔日用羊三、豕三、饭米三石，并香烛楮帛，以祭本境无祀鬼神。祭祀之前，主祭官到城隍庙发布祭祀时间的文告，并于榜上书列无祀鬼神。到祭祀时，将城隍神位入坛设于正中，前放香案一、炉灯一，县令率一班幕僚下属，穿着公服在神前跪叩，礼毕仍奉城隍神位还庙。

（十二）慈溪县风云雷雨山川坛

风云雷雨山川坛是县立四大祭坛之一，为县城的标志性建筑，俗称南坛。从汉唐以来官署就设祭坛来祭祀风神、雷神、雨神，目的是为了天下太平，风调雨顺。明洪武二年（1369）慈溪知县耿让建于县西南二里。嘉靖三十六年（1557）知县刘子延移置南门外半里许，即后来火车站西北侧，约是1938年建抗战阵亡将士纪念碑的基地。岁以春秋上戊日，致祭直省府州县神祇坛。按《大清会典事例》雍正三年（1725）议准：直省府州县神祇坛，设风云雷雨位于中；设山川位于左，称某府州县山川之神；设城隍位于右，称某府州县城隍之神。中陈帛四，左帛二，右帛一，爵三，共羊一，豕一，铏二，簠二，簋二，笾四，豆四。承祭官先期致斋，二日届期，朝服行礼。

（十一）慈溪县先农坛

先农坛是县立四大祭坛之一，为县城的标志性建筑，原作先农庙。按《大清会典事例》雍正四年（1726）复准："府属州卫各于所治地方，择地设立先农坛及耤田。"自雍正五年（1727）为始，每岁仲春亥日，各祭先农之神，照九乡耕耤，行九推之礼。耕毕，各率耆老、农夫望阙行三跪九叩礼。慈溪县先农坛最早设于清雍正六年（1728），为知县刘国杰在县东南三里奉文建立坛宇，址在今清道观北侧山麓，并置耤田四亩九分。同治七年（1868）知县贺瑗重建庙宇。每岁仲春由礼部所颁布日期，致祭先农；孟夏由部所颁布日期，平常求雨的祭祀亦于此行礼。慈溪县先农坛高二尺一寸，广二丈五尺，于耤田后建造。坛后并建正房三间，配房各一间，正房中间奉先农神牌，东间存储祭器、农具，西间收储耤田米谷，配房东间置祭器，西间令看守农夫居住，外围筑土为墙，启门南向。祭祀陈设照祭社稷之礼，用羊一、豕一、帛一、铏一、簠一、簋一、笾四、豆四。祭官前期致斋二日，祭日具朝服至坛行礼。

【三】 宗教文化

1928年慈城的一座古寺院

  宗教是一种信仰，更是一种文化。地处浙东宁绍平原上的慈溪县城慈城，历史上宗教气氛十分浓郁，城内外庵堂庙宇四处可见，晨钟暮鼓不绝于耳。这种为仁向善的教育，潜移默化地在每个慈城人的生活上、精神上都留下深深的印记。

  在江南，慈城是深受佛道二教影响的典型县城。以"道"为最高信仰的传统教道教由我国原始宗教演变而来，大约早于佛教传入，由方仙道、黄老道某些宗教和修炼方法糅合而成，正式立教则是在东汉末。信道教的人，一心想的是经过长年修炼终可得道成仙，长生不老。慈城民间有关仙道的传说流传盛广，诸多生活习俗都留有道教的基因。而佛教则是在两汉时从印度传入我国的，与中国文化经历了漫长的融合，又经历代不少皇帝的推崇，逐步渗透并影响到社会的各个方面。佛教后来居上，成为推动和发展中国文化的重要因素，对慈城人来说佛教比道教影响更大。尽管慈城有史上名声赫赫的清道观，但几乎每个道教庙堂宫观里或多或少都有佛教的影子，而佛教庵堂寺院里很少有道教的成分。西方来的耶稣教和天主教，尽管明末已开始在慈溪悄然传播，但清同治后才在慈城建有耶稣教堂和天主教堂，且总体来说信徒稀少，影响不大，本书不予详述。

20 世纪 50 年代清道观老钟楼

慈城佛道二教与孔夫子儒学(儒学不是宗教,但是从文化方面来说又似宗教)鼎足而立,构成了封建社会里慈城主体文化(关于儒学,本书其他章节中多有表述,故不在此赘述)。

一、互为和谐的宗教文化

据慈城地方志记载:早在两千多年前的秦朝,秦始皇千里迢迢渡过钱塘江来到浙东,在句章县城边(今慈城西南王家坝村)筑高台设千人坛,祭拜沧海。并委派术士徐福率五百童男童女去句章外海,寻找梦想中的长生不老之药。慈城道教徒活动的出现,不晚于汉末至三国间。当时的代表人物为葛玄,人称葛仙翁(164—244),江苏句容人。他先后多次来到句章县炼丹化仙,至今史志和民间都有许多传说。而慈城道教对外产生巨大影响则在唐天宝八年(749),创建于慈溪城外3里龙山上的清道观。它历史上尽管屡遭兵火,屡建屡毁,但明清随着慈溪人文鼎盛,财富充实,道观越建越大,越来越富丽堂皇。最后一次重建是在清光绪年间,由慈溪县百姓捐资而成,华楼重叠,海市浮现,景象甚是繁华。

1927年慈湖普济寺二门前庭院　　　20世纪60年代慈湖普济寺大门

　　慈城清道观从宋元以来一跃成为江南的著名道观，香客如云，游人如织。而明清时，大凡浙东地区庙宇道观开光都要到清道观请灵，否则不合道规，得不到神灵保佑。每年雷公生日（农历六月二十四）与冬至夜，托梦求财测功名，更是万人空巷，场面十分宏大。除清道观外，慈城城内及周边地区还有许多道教建筑，如县城内的太阳殿、火神殿、城隍庙、大关圣殿、小关圣殿、土地祠、财神殿、文昌阁、先农坛、山川坛等数十处，县城外有明德观、崇仁观等一百多处。

　　佛教在汉末传入浙东，开始未引起广泛的影响。慈城出现佛教建筑是三国时期，当时孙吴政权统治下社会比较安定，经济基础已逐步厚实，加上吴主孙权等帝王对佛教的支持，不久佛教就在江东地区迅速而广泛地传播开来。譬如，东吴中书令阚泽是慈城人，在告老还乡后的赤乌二年（239）他舍宅建寺。在他的故乡慈城城北阚峰下，建起了浙江省有史以来第一座寺院——普济寺。原有山门对联是："昔为吴相宅，今作法王城。"普济寺历经毁废。咸通元年（860），慈溪县令李楚臣复立为德润院，以阚泽字德润故取名之。至唐乾符年间（874—879）敕赐应天德润寺，宋大中祥符元年（1008）改赐普济寺额。此后普济寺名一直使用至今。这

1928年慈城普迪小学师生春游保国寺

座在浙江佛教历史上具有里程碑意义的佛寺，经过1700多年风雨洗礼，最终在"文革"晚期被拆毁。

位于慈城东南7公里马鞍山腰的保国寺，它的大殿经历千年风雨吹打巍然屹立，是北宋慈溪县能工巧匠的杰作，也佐证了当地百姓对佛教的崇敬和虔诚。1954年南京东南大学建筑系调查员首次在慈城听说东乡有保国寺的古建筑，就直奔而去，既而惊动世界。1957年保国寺大殿入选第一批全国重点文物保护单位（浙江省共有三处文物入选，另两处分别为杭州六和塔和岳飞墓）。

位于城西的永明寺始建于唐仪凤二年（677），北宋时建有浙东首屈一指、可藏大量佛经的藏经殿。至民国年间佛寺占地两万多平方米，千佛殿、罗汉殿加附属用房一百多间，是慈溪县佛寺中以规模宏大著称的。慈城城外还有宝峰寺、护龙寺、白龙王寺、饭佛寺、东皋寺等寺院数十座，另有幽远经堂、隐幽经堂、观音堂、元宝庵、报德庵、乐善庵、吉祥庵、晓月庵等一百多座庵堂。

慈城是浙东佛道两教最深入人心的区域，不但寺庙庵堂多，而且宗教活动频繁。久而久之，慈城百姓将宗教文化融入日常生活中，也融入自己

20世纪50年代清道观全景

的血液中。慈城的宗教文化具有显著的地域特点：

其一是见神就拜。慈城人自称信佛，却不专一拜佛。反正出门行走"见庙门道观就进，逢菩萨神仙就拜"，从不区分自己拜的是佛教的菩萨还是道教的神仙，甚至是耶稣教的上帝，也不问他是哪路神仙。只是稀里糊涂把菩萨都当成是法力无边且又善良亲和、能庇护全家平安的保护神。

其二是喜闹节庆，蔚为壮观。慈城历史上每年都要定时定点地举行各种各样的庙会。如清道观每年的六月二十四雷公生日和冬至夜托梦详梦，山上山下，人头攒动，香烟缭绕，极为壮观。慈溪县城隍庙四月举行赛神会，卜吉日，舁神像，道以仪仗，金鼓台阁巡城。县城外乡都神殿每年要举行四月半花会，热闹非凡，场面宏大。慈北乡村祠庙举行龙神会，台阁尤盛，有的高至三丈，俗称高台阁。另外，永明寺六月六为礼佛日，民间七月三十为地藏王生日，八月各乡祠庙为会祀神，以龙舟竞渡谓之报赛。九月在慈城各坊要组织社火节，抬着祠庙神像游行，道以兵仗、彩亭金鼓、杂剧各相竞赛，观看人多而经常拥堵。正月元宵里社组织的弄歌巷舞，往来如织。

其三是游乐郊外，多项发展。清道观原是单一的道观，明清以后开始

1928年的清道观门坊

朝游乐化方向发展,人们去清道观不像是拜神,更像是去城外郊游。每到大年夜,周边十多平方公里范围内,总能听到清道观传来的新年钟声,悠然而浑厚。城里城外的红男绿女成群结队,蜂拥而上,争拜庙岁。四季来客,首推上清道观游玩,犹如上海人带乡下客人去城隍庙,北京人带外地客人去故宫。其实慈城人心目中也不只是把它当作一座道观,而是从建筑上和精神上早已融进许多迷人的色彩,构筑成画境诗意里理想的圣殿,设计有许多引人入胜且老少皆宜的玩具和机关。清道观不但规模恢宏、建筑壮丽、木雕精美、古柏参天,而且殿前廊下挂满了名人的对联短匾,还有许多是书法精品。在后庭的僻静处筑有一座桂花厅,挂满历代名人字画。厅前有棵硕大的桂花树,枝叶茂盛,每当秋风乍起,黄花满枝,香气四溢。慈城的文人雅士都喜欢每年的此时此刻,用佳肴美酒宴亲会友,吟诗作画,唱歌舞蹈。至今,慈城人手中留有多张清末民初人们游玩清道观时的老照片。有大户人家为八十岁老人做寿,几十个亲人聚在大殿前合照;有慈溪县立商科第一届、第二届学生在百步阶上所拍毕业照;有慈城青年去广东参加北伐前与朋友作别的留影;有英俊青年去美国留学前与父母子女及亲朋的合影。

1928年朱氏在清道观大殿前的全家福

其四是有社团组织，定时定点活动。慈城不但大的寺庙有固定的社团组织，每年都定期举行如行会、祭拜等组织活动，而且有些只有两三个小尼道姑的庙宇庵堂都设有专门的经堂，供左邻右舍的信女定时定期念佛咏经。经堂窗明几净，环境优雅安宁，念佛婆婆三人一团，五人一帮围坐在桌前，一边数着佛珠，一边窃窃私语，各自述说家事。慈城历史上每个街坊都有经堂，有些地方还有好几座。由于大家说得来，日久生情，变成街坊邻居、同人聚会、交友等极为重要的社交场所。她们因爱好念佛而相识相知，免除了寂寞与孤独，结为佛友、佛伴，甚至成为至交，好多还结为儿女亲家。

二、浙东著名的三大佛寺

普济寺，位于慈城东北一里慈湖北岸。汉末时佛教开始在今浙江省内传播，三国时句章县走出了一位宰相阚泽，字德润，家住慈湖边阚峰下，世代务农，家境贫寒。阚泽从小勤奋好学，常为人抄书，等书抄完，已把书中内容记住，并且经常访师求教。由于刻苦学习，"究览群籍，兼通历数"，

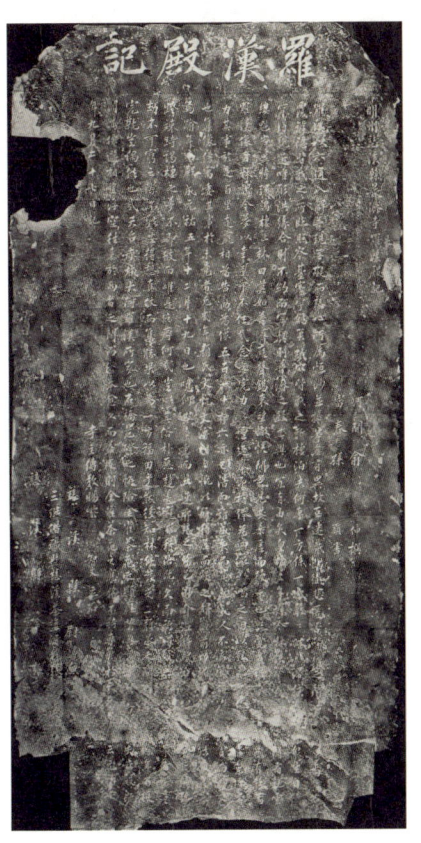

北宋《普济寺罗汉殿碑记》碑石

唐开成四年普济寺经幢

名闻天下,被句章县地方官举为孝廉,任钱塘长,后官至中书令。吴嘉禾间(232—238),为中书令。赤乌五年(242),拜太子太傅兼中书令。阚泽又是位有仁政思想的学者,认为应该废除酷刑,强调以礼义治天下。孙权十分器重其治国的本领,采纳了其关于政局稳定、恢复经济的许多观点。当时名士虞翻称赞其"生矫杰,盖蜀之扬雄","阚子儒术德行,亦今之仲舒也"。阚泽晚年把慈湖阚峰下的旧居捐献出来,建起浙江省内有文字记载的最早的佛寺,时在赤乌二年(239)。后历代有毁建,今存世有唐开成四年(839)的经幢(1983年被浙江省公布为重点文物保护单位),北宋元祐五年(1090)《普济寺罗汉殿碑记》碑石,及在原址上茁壮成长的四棵千年银杏树。宋庆元二年(1196)进士慈城人王休著有《游普济寺》诗:"排险凌空入磴斜,参差金碧倚烟霞。一山门里分三刹,万柳湖边带几家。世上无人吞栗棘,国中有佛吐莲花。凭栏凝望瑶天表,数点青山似乱鸦。"元时西域诗人丁鹤年曾在慈城旅居时撰有《普济寺》诗:"阚峰深隐梵

保国寺精进院

王家,山色湖光引兴赊。石磴高盘松顶出,瓦沟低亚竹根斜。潮生沧海杂清梵,云净瑶空坠宝花。徙倚不知归路晚,满堤杨柳集昏鸦。"历代慈城人为纪念阚泽这位大儒捐宅建寺的贡献,建有专门纪念他的阚公祠、德润书院、阚峰和阚湖、德润湖等遗迹。明代江苏吴县人钱希言撰《阚峰普济寺》诗:"阚公山绕阚公湖,舍宅年犹记赤乌。寂寂寺门霜叶里,水禽飞上石浮屠。"

慈城除了历史悠久的普济寺,还有稀世珍宝保国寺。保国寺在慈城东十四里灵山山腰上,深藏在山坳中,依山势而建。相传东汉初骠骑将军张意父子辞官后在此结茅隐居。唐初建寺,名灵山寺,会昌五年(845)被毁。广明元年(880)重建,赐名保国寺。北宋大中祥符年间(1008—1016),德贤尊者重建。治平元年(1064)改称"精进院",后又复名保国寺,沿用至今。现存建筑中,大雄宝殿为北宋大中祥符六年(1013)所建,乃是江南现存最古老的木结构建筑,堪称中国建筑文化的一朵奇葩,千百年来,此寺虫不生,鸟不进,仿佛尘埃也远离。这是北宋慈溪县能工巧匠的杰作,1961年被国务院确定为第一批国家重点文物保护单位。

而保国寺被发现的过程也充满传奇。据学者戚德耀先生回忆,1952

保国寺藻井

年戚先生等一批年轻人被送到南京工学院与华东建筑设计院合办的"中国建筑研究室"学习古建筑,他的老师是当时建筑史学界颇有名气的刘敦桢。两年后的1954年8月,戚德耀与另外两名同学一起开始了暑期实习,由于老家在宁波鄞县,又为慈城人的准女婿,所以他们这一组顺理成章地负责浙东一带民居及古建筑调查。当时慈溪县城在慈城,在那里,他们偶然听说慈城东面有座规模甚大的"无梁殿"为唐时建筑,便心生疑惑。因为据他们所知,无梁殿的形制多为明清时采用,尚未听说过唐代就有这种建筑。三人环寺仔细地转了一圈之后,却没有找到传说中的无梁殿。最后,在后厢房见到了一个50多岁的和尚。询问后方知,老百姓口中的无梁殿其实是个误会,因为大殿的顶梁部分被天花板遮挡,群众误认为是无梁殿。而且,殿内原本供奉有"无量寿佛",确有"无量殿"的称呼。三人原先的疑惑终于一扫而空。他们赶紧重返大殿,仔细察看殿内各个细节部位,发现斗拱用材很大,共66朵,枋隐刻"七朱八白"等古建筑特有的形式,九根花瓣柱、藻井等也让他们意识到,这座寺庙并非建于明清,至迟建于南宋,从有些部件推测,建造时间可能为更早的北宋。三人找到佛台后面,发现背面有"造石像座记",镌刻有"……崇宁元年"字样,依此初步

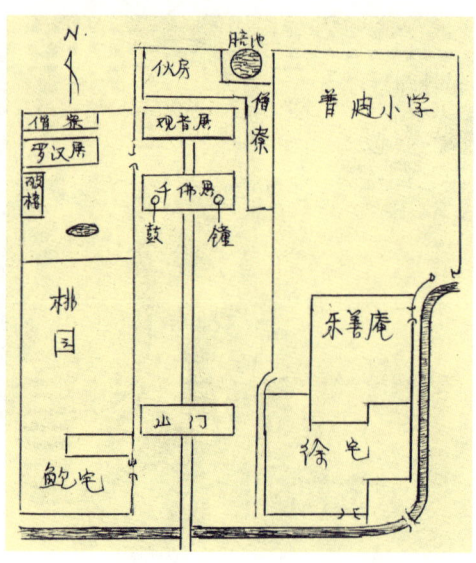

永明寺及周边环境示意图（徐朝雷绘）

认定为宋构的可能性又大了。

  永明寺建于唐仪凤二年（677），在慈城城西，邑大夫吕珂捐献住宅为之。原号禅林院，唐高宗赐名大宝院。天宝中，改为大宝寺。唐文学家李华撰《左溪大师碑铭》云："明州大宝寺僧道源，纯得醍醐，饱左溪之道味，道源乃此寺名僧也。"唐会昌中，永明寺遭毁废。宋代大中祥符元年（1008）改赐永明寺额。此后代有毁兴，至清同治四年（1865）又重修大殿、千佛殿，此时的永明寺达到了建寺以来的最大面积，达两万多平方米，建筑宏伟，古树参天，号称佛城。民国四年（1915），慈溪县第一届全运会在永明寺举行。民国二十八年（1939），永明寺部分建筑被日寇飞机炸毁，而寺中浸润书香的明代建筑聚奎堂，躲过数百年的风雨侵袭，遗憾的是在20世纪90年代被拆毁，而今仅有堂前方池尚存。

  关于永明寺还有一段洪武帝赐诗的传说。明初时，慈城永明寺有当家和尚叫一觉，字性原，姓曹氏，本地人，后祝发于永明寺。善吟诗，著有《寒泓稿》。光绪《慈溪县志》卷四十一云："（一觉）与邑太子正字桂彦良游。一日，彦良（回京）侍上（朱元璋）于文华殿，问在乡里时更与谁游，以僧觉对，因诵赠觉诗，上陈善，翌日，赐和诗。"朱元璋《赐永明寺僧一觉》诗：

1954年的永明寺柱础

"上人侣影处幽林,紫竹寒潭映水森。草舍半间云外月,松窗一榻谷中心。元谈静夜风生石,顶礼清晨钟撞金。有客叩禅曾问道,昂昂寂寂悟机深。"桂彦良赠一觉原诗《为一觉上人赋蔷卜室》:"南山有蔷卜,郁郁翠成阴。奇葩欺白绀,脆实羞黄金。上人爱兹植,辟室幽且深。凉风拂轩槛,幽芬散衣襟。薰然道气和,足以清禅心。朝夕此游憩,炎尘讵能侵。看花默无语,时复动新吟。"

长期以来慈城人为何叫永明寺为圆明寺呢?据对佛学素有研究又自号半僧的浙东著名书画家凌近仁先生解释:永明寺的明字大有深意,取心如明镜,一尘不染之意。以前永明寺有个方丈,是个高僧,他在一次讲法中说,佛法有圆融、圆通、圆明、圆满之说,"圆"是修为的最高境界。当时座下有个弟子接话说,那何不把永明寺改为圆明寺?方丈笑而不答,众僧仰察师意,就把永明寺叫成圆明寺,渐渐就叫开了。

三、江南道教圣地清道观

慈城清道观位于慈城东门外龙山上,为江南地区的著名道观。清道

1935年的清道观二门（方鸿源摄）

清光绪年间《清道观图》

观始建于唐天宝八年（749），后废。宋绍兴三十年（1160），道士叶景虚重建，又于其右建东岳行宫，尚书楼钥（鄞县人）匾其入观之路曰"列仙游馆"。元至元十七年（1280）清道观遭火灾，二十四年（1287）重建。此后屡废屡建，建筑规模越来越大，最后一次修建是在清光绪十三年（1887），由邑人冯翊廷、冯全墉发起集资建造。明清以来，清道观以其雄伟的建筑、幽静的环境、众多的文物和广泛的影响成为江南著名的道观和浙江的道教中心。清道观有三绝：千年参天古柏、木质奇特转幢、精工五金巨钟。皆令游客叹为观止，在海内外具有很大影响。清道观其门被称为"龙山第一门"，其山为"句章第一山"。

每逢农历六月二十四雷公生日，众多信徒举夜祭祀。每当冬至夜，成群结队的信徒携被挈枕来观里野宿求梦，为升官、为婚姻、为发财、为前程，以期得到神仙的指引，多时竟达上万人。凡宁波府下面新建庙宇，都欲先来清道观请灵。所谓请灵，即新建庙宇派人来清道观，请道士做道场，待到道气蕴藏，神灵飞扬，就拿去一面已被神仙抚摸过、灵气昂扬的旗帜，挂在新建庙宇门前，其意是指此庙宇有神灵了，已得清道观大神保护。

清初余姚著名思想家黄宗羲《登清道观遇冯令仪留宿张炼师房》诗：

1954年的清道观转轮藏

1954年的清道观抱鼓石

"小舟风浪泊江干,邂逅良朋上翠峦。云割山川皆半面,天分肥瘦觉千般。送春始听鹃声早,话旧何妨酒量宽。道院重修须记事,莫将顽石一般刊。"

　　清道观最神奇的是钟声。清道观的铜钟用材纯正,铸作精良,参音合律,声音洪亮动听,体形比现在天童寺中的那口重达6500公斤的青铜钟还要大。让人惊叹的是,巨大的钟体竟是用头发丝编织而成的绳索悬吊起来的,绳粗如手臂,由一根根纤细发丝凝聚成力量,其魔力让我们感受到"千钧一发"这个成语的真实含义。其实,清道观巨钟的神奇不光在于它的大,还在于它的声音。每当撞击时,钟声音质清脆洪亮,可远及方圆20余里,大有古人诗中所说的"晚钟破岩腹,荡出四天惊"的感觉。

　　关于这口钟的神奇之处,有人解释说是因为在铸钟时,有许多善男信女为了表达功德,曾将身上的金戒指、金镯子等饰物投入到熔融的铜水之中,使钟在孕育时有了灵性;有人认为是铸钟工匠的才智在钟的身上淋漓尽致地发挥所致。另传清道观的钟声原本可以传得更远些,因为铸造大钟的道长是个传道高人,他能使钟声随着他的脚步传扬,他走到哪钟声就传到哪里。钟铸好后,道长便要去云游四方传播钟声,早晨临行前,他嘱咐敲钟的小道士,待他离开七七四十九天后方可敲钟,千万不能早敲。

1930年的清道观戏台（冯有康供照）　　　　　原慈溪县耶稣教堂

小道士点头满口答应。谁知刚等到中午，小道士就急不可耐地敲响了大钟。而此时，道长正好走到钱塘江边，所以清道观的钟声最远也只能传到杭州。

慈城的宗教文化具有博大的包容性，不但佛道并存，连耶稣教也相安相生，足见慈城是一座崇尚山水，崇尚文明，崇尚文化，崇尚和谐的古城，长期以来，各种文化相互渗透、交融。

【四】名门望族

20 世纪 50 年代的慈湖东湖

慈城历史上物华天宝,人杰地灵。自唐开元建县城以来,名家望族不断涌现,历朝历代都留下独特的文化印记。家族历史文化传承到各界名流故居及建筑上的雕刻艺术,让人感受到这块神奇的土地深厚的底蕴和无穷的魅力。

一、望族文化的书香传承

所谓望族,是人们对地方上有重大势力或重大影响家族的通称。它们大多有悠久的历史,有较多的人口数量,有相对集中的居住区域,在相当长的时间里聚族而居。除了家族的历史、人口、规模等前提外,还必须具备人才辈出这个最重要的条件,如在科举上未出过一名进士,无一位四品以上的官员,那么这个家族就不具备强大的社会影响力,人口再多,历史再长,也只算是大族而已。只有举族人多势盛,而且世代为达官显贵的家族,才称得上是名门望族,如慈城董氏、冯氏、王氏、张氏等家族。这些家族都有着近两千年的历史,远在两汉之时,他们就从北方迁居慈城这块风水宝地,生生不息至今。如董氏始祖,即是汉董孝子的祖父、大儒董仲

慈城传统民居

舒的孙子董春。冯氏始祖即是汉建安六年（201）任句章令的冯冕。后曹氏篡汉，无法回原籍，遂隐居于慈城西北八字桥村。王氏始祖即是汉时捐资建造慈城西乡王子桥的王修了。张氏始祖即是汉初隐居于慈城东乡灵山的骠骑将军张济芳。

另外更多像钱氏、姚氏、叶氏、郑氏、童氏、桂氏、刘氏、向氏、袁氏、陈氏、胡氏、孙氏、李氏、余氏、杨氏、严氏、方氏、阮氏、罗氏、赵氏、周氏、邵氏等都是在唐宋之际迁来的。特别是两宋之际的王侯将相，从北方护送康王赵构南渡，或是北方名人富人不堪当地长期的战乱，远走江南来暂时躲避灾难。然后发现这里山清水秀，风俗敦朴，逐渐爱慕上慈城这块土地。据光绪《慈溪县志》相关记载，宋代是慈溪县望族发展史上一个转折时期，其主要特点是大量外来人口的涌入，其中主体是北方著姓望族，科举世家，从而更新了慈溪县的人口构成，加速了本地区人口数量和质量的巨大变化。当然这些家族发展都有一个过程，首先，是考虑生存，适应环境。其次，需要积累财产，思考发展。其三，要增加人丁，壮大族民。因为千里迢迢到慈溪落户时，往往只是孤身一人或是由三四个人构成的一户家庭。其四，要依靠家族成员群策群力，各尽所能，发挥自己的聪明才干，同时需

20世纪40年代雷家巷冯氏全家福（冯有康供照）

要一定时间。所以宋元时慈溪县有公认的四大望族"姚、刘、冯、陈"，而到明初时又增加了钱、叶、向、桂、胡、郑、王、张、孙、袁、童、董、周、费、洪、杨等望族，达到20余家。而慈城望族的鼎盛时期应在明清之际，由于这一时期的许多家族已积累了丰富的社会经验，也具备了相当强的经济实力，具有了一定的文化基础，因而在科名、学业、仕途上都取得了相应的成绩，同时人口数量也在快速增长。

像慈城冯氏家族，是明清时慈溪县公认的最大望族，在县城内及周边地区居住的族人就有上万人，这还不包括历年已迁往外地的更多的冯氏后裔。冯氏在城内建有规模宏大的16座宗祠，家族房产占整个县城的五分之一，历史上曾出过56位进士、104位举人、67位贡生，并走出6位尚书，多位布政、知府之类的高官。其他望族如董氏、张氏、王氏、陈氏、周氏、叶氏、杨氏等在县城内外也都有数千人居住。即使被公认为人丁不是很旺的桂氏家族，清末则有"烟火五百家"；向氏家族也有"同宗三百家"之说。可见慈城优越的自然条件、安定的社会环境、和谐的人际关系和良好的文化传统，是望族能够不断发展的基本保证。

为了延续家族文化血脉，达到世代有人中科举，登高位，光宗耀祖之

南宋杨简讲学处谈妙书屋，1947年改建竣工留影

目的,望族中有识之士历来不惜代价,努力办好以下三件大事:创办书院、构筑藏书楼、著书立说。

  慈溪县境内历史上曾创办过的书院,有迹可查的有十多座。最早是建于慈湖北岸三国时东吴名相阚泽创办的德润书室,后唐大中二年(848)慈溪县令李楚臣在德润书室原址复设德润书院。宋嘉泰元年(1201)慈城心学大师杨简,为宣扬慈湖理学,兼教导杨氏后裔博通文史,追求仕途,在慈湖北岸原德润书院西面创办了谈妙书屋。杨简故后,他的子孙和弟子于宋宝庆年间,在谈妙书屋旧址创立了慈湖书院,慈湖书院是当时全国最著名的书院之一,开创了慈城私学的先河。到了明代,慈湖书院逐渐蒙上了官方的色彩,既是慈城杨氏家庙,又由官方任命山长(慈湖书院院长)。

  在宋宝庆年间慈湖书院创办的同时,宋庆元二年(1196)进士、官尚书右丞的杨简的弟子桂万荣,为了宣传慈湖心学,告老还乡后筑室于汤山,创建石坡书院。汤山在今慈城小东门外半里,是桂氏家族教育家族子弟的私立学校,共传承了八代,历经300年左右,培养了多位国家栋梁之才。清初史学大师全祖望在《石坡书院记》一文中写道:"今慈湖东山之麓有石坡书院,即当年所讲学也。桂氏自石坡以后,世守慈湖家法,明初

20 世纪 30 年代慈湖西北角,图中右侧白屋即为老慈湖书院

尚有如容斋之敦朴,长史之深醇,古香之精博,文修之伉直,声闻不坠,至今六百余年,犹有奉慈湖之祀,香火可为远矣。"文中的容斋即桂同德,字容斋,桂万荣的四世孙。长史即明初通儒、帝师桂彦良,官为左长史,洪武帝朱元璋称赞他道:"江南大儒,唯卿一人。"古香先生即桂怀英,以博学称,方孝孺慕其名,不远数百里而造访他,论议后大惊服。卒后,学者尊他为"古香先生"。文修即桂宗儒,长史桂彦良的从子,与弟桂宗蕃以贡预修《永乐大典》,书成,授蕲春同知,后拜修撰。宋桂万荣创办了石坡书院后,慈城的桂氏家族一袭成为浙东著名的家族,也是全国桂氏最著名的科举家族。从宋到清慈城桂氏曾走出进士 16 人,是当之无愧的科举世家。

元至大三年(1310)童氏家族代表人物童金在县西北 30 里杜湖边创办桂州书院。赵氏家族代表人物赵楷,宋末元初隐居县西一里大宝山麓,创建宝峰书院,再传杨简学说。除了上述这些著名书院外,明清时期慈城望族还创办了数十家大大小小的书院,较著名的有以下十余家:明南昌教谕冯钢在慈城小北门外石刺岭下创办的石峰书院;明参议、进士周旋在慈湖西北山麓创办的西溪书院;明兵部尚书姚镆在慈城大东门外琴山下创办的东泉书院;明大学士袁炜在慈湖北岸袁峰下创办的阆峰书院;

明襄府教授冯柯在小北门外虎啸山麓创办的宝阴书院；明襄府右长史刘士遂在慈城东山下创办峍峰书院。明都御史秦宗道在慈城大东门外创办屿湖书院。明布政冯成能在小北门外慈湖北岸创办慈湖精舍。清雍正年间慈溪知县张叔踞在县学内始设义塾，慈溪名士郑性捐田39亩，以掌教薪水。乾隆十六年（1751），慈溪知县陈朝栋以孔庙尊经阁下为学舍，创办德润书院。嘉庆二十年（1815）知县黄兆台暨邑人冯璟徒建德润书院于大东门内，中为讲堂，冀以两庑。德润书院由官方和民间大姓共同策划和创建，是继慈湖书院、宝峰书院后，慈溪县第三所著名书院，培养了许多科举人才。

慈城历史上不要说儒人建有多座藏书楼，就是商人也好多带有读书种子，他们年轻时由于各种原因中断学业，后来尽管踏入商道，但读书买书藏书的嗜好终身不改。每当事业成功，都会建一间书斋或一座书楼，在那里看书写作，静心修身，韬光养晦。给儿孙创造一个鲤鱼跳龙门的优越条件，不让后代继续走上前辈四海为家的商贾之道。正所谓"卧薪尝胆读好书，一门心思登云梯"。

慈溪历史上最早的藏书楼（室），是吴越时费日璋的峰山精舍。南宋有杨简的谈妙书屋、刘祖扬的介白楼、桂万荣的石坡书院、罗仲舒的经训室等多处。元代有小北门外陈守常的北山书屋、大宝山麓理学大师赵楷的宝峰书院藏书室等多处。明代有乌本良的春风斋、桂慎的双桂轩、时铭的梦墨轩、冯炼的谦光堂、周津的万卷楼、冯元仲的天益山房等数十处，清代有姜宸英的苇间书屋、郑性的二老阁、顾枫的伴梅草堂、冯汝霖的寄月楼、冯云濠的醉经阁、冯本怀的抱珠楼、王庸敬的万绿轩、冯祖宪的耕余楼、俞挺芝的守约轩、王定祥的映红楼等数十家。

而慈溪人历史上所撰著作，根据清光绪《慈溪县志·艺文志》记载，并对慈溪县主要的17个家族初步予以统计，从宋至清共刻印各种著作1000多种。其中冯氏157种，张氏82种，郑氏84种，桂氏59种，叶氏113种，董氏51种，王氏84种，刘氏40种，姚氏23种，陈氏55种，周氏55种，杨氏54种，姜氏30种，裘氏87种，黄氏15种，孙氏7种。

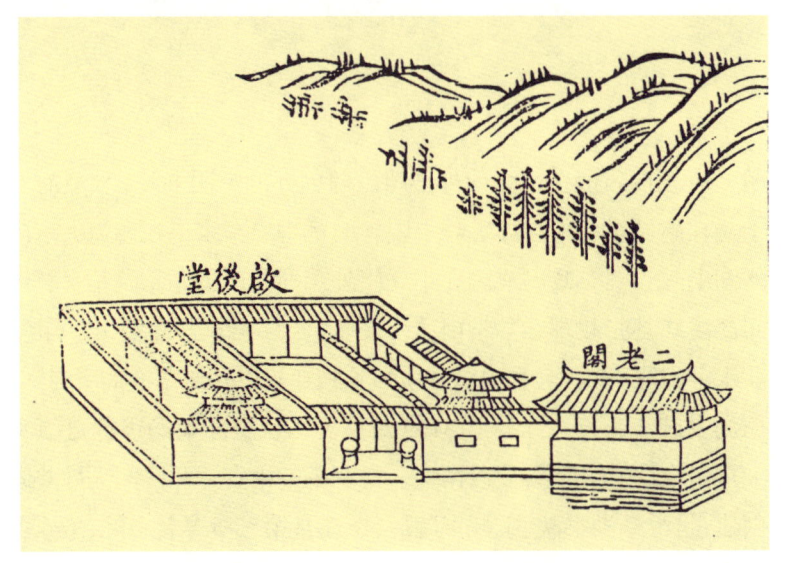

郑氏宗谱中的清代二老阁图

二、慈城的望族与名人

慈城的世家望族都是经数百年上千年逐渐形成的，但主要有三种途径，一是科举：从进士及第开始，做了大官，广置产业，子弟接着再中举，进入仕途，父子登科，兄弟进士，几代以后成为当地著名的乡绅官户。二是经商：以资产经营起家，再以资买官品，跻身于乡绅之列。因家里有钱，再培养子弟走上科举途径，几代以后也成为以科甲起家的望族。三是技艺：凭借高超的技艺，或书画，或中医，或手艺起家，成为一方的名人，再让子弟走科举仕途，几代以后成为当地有声誉有名望的家族。由此可见，无论经由何种途径走向望族，最后都是以科举仕途作为成功的标准。所以在明清社会，进士举人是氏族子弟光耀门楣的努力方向，而新科门第自然成了心中荣誉的殿堂。像庭院深深的状元第、榜眼第、探花第、传胪第、进士第、翰林第、甲第世家等，都是人人敬仰的丰碑。科举上连续取得成功的望族，大多意味着名人辈出。而今当你游走在慈城大街小巷，当年的政要官邸不时抬眼可见：莫驸马第、太史第、符卿第、布政房、福字门头、尚书第、冯宅、方岳第、董太守宅、颜御史房、大夫第、知县房等，比比皆是，让人流连忘返。

（一）慈城冯氏

慈城冯氏家族是浙东地区历史悠久、人才辈出、声誉显赫的名门望族之一，为明清慈溪县最大家族，在县城慈城有着"冯半城"之誉。慈城冯氏始迁祖为大树将军之后朝散大夫冯冕（谥忠贞），汉建安六年（201）任句章令，后曹氏篡汉，他遂隐居于句章县金川乡（今慈城八字桥村一带），从此句章冯氏开始发族。慈城冯氏在宋末分为六大支派，即金川支、大街支、福聚支、西桥支、檞树支、大桥支。在唐时已建有金川家庙，宋时建有大堂，明时建有三大宗祠，即大宗祠、统宗祠、惠宗祠。后因子孙繁衍，分支立祠，建有积高堂、启承祠、观德祠、崇美堂、二梅堂、敬业堂等二十余座分祠和支祠。冯氏家谱，始迁祖汉忠贞公已绘像立谱，唐忠献公作谱记，唐天祐二年（905）御史公甚夷又修之。北宋、南宋各修宗谱一部。明清以来修过大小宗谱支谱，印本抄本有记载的达三十多种（这可能只

冯氏始迁祖东汉忠贞公像

冯骥才的祖父（为忠贞公五十代孙）

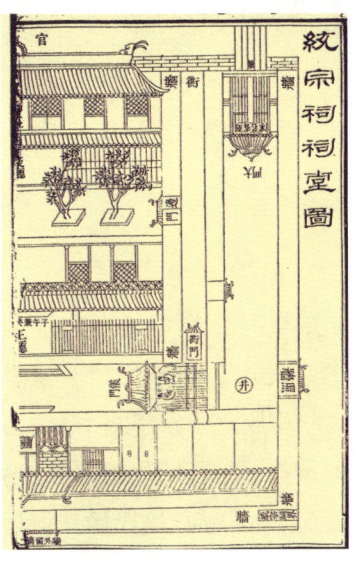

冯氏统宗祠祠堂图

1957年的慈城冯氏启承祠

是很少一部分）。现藏于各地图书馆及个人手里的家谱有十多部。

慈城冯氏历代名人有：吴越尚书冯叔和；北宋义士冯制；南宋礼部尚书冯世亨，象山书院堂长冯宋兴；明河南监察御史冯泰，青州府教授冯吉亨，彰德府知府冯忠，淮王府长史冯厚、冯钢，河东运盐使冯志，高州知府冯本澄，礼部员外郎冯泾，刑部尚书冯岳，贵州道监察御史冯震，福建巡海副使冯璋，文学家冯光浙，湖广布政冯叔吉，翰林院庶吉士冯叶，礼部侍郎冯有经，四川布政冯成能，江西参政冯烶，太仆寺少卿冯若愚，都察院副都御使冯任，兵部尚书冯元飚，都察院右都御史、天津巡抚冯元飏，太仆寺少卿冯元飉，抗清志士冯京第；清广东参议冯俣，知府冯萼舒，员外郎冯栻；晚清富豪、藏书大家冯云濠，上海钱庄业领袖冯泽夫、冯莲汀，北京金石收藏家、书法家、实业家冯恕，天津实业家冯友苓；民国文学家、书法家、教育家冯君木，浙东大藏书家、文献学家冯贞群，河南报纸收藏家冯翰飞，上海烟画收藏大王冯孙眉，传奇作家冯玉奇，大律师冯堪，钱庄业巨子冯受之、冯春康、冯斯仓、冯味琴、冯夔之、冯芝汀、冯梅卿，旅日书画家冯雪卿，天津银行家冯吉甫；当代北京大学副校长、马克思主义哲学家冯定，世界知识出版社社长冯宾符，机械工程专家冯子佩，化工部副部长冯伯

修缮中的冯氏积高堂

华,中国建筑工程总公司党组书记(副部级)冯舜华,全国政协常委、监察部副部长冯梯云,杭州青春宝集团董事长、当代药王冯根生,全国政协常委、国务院参事、中国文联副主席冯骥才,中国社科院日本研究所副所长、中国中日关系史学会副会长冯昭奎,中国科学院应用数学研究所研究员冯贝叶,中国人民武装警察部队学院副政委冯海龙少将,上海复旦大学副校长冯晓源……

吴越尚书冯叔和,字伯通,慈城八字村石神桥自然村人,是慈城冯氏承前启后的先祖。他登吴越宝正三年(928)进士,官至尚书,晋太保,谥文直。劝吴越王钱俶纳土归宋。宋太平兴国三年(978),群臣受贺,冯叔和却独自辞归。他为人方正严毅,为官期间,存大体,不屑细。所以吴季时,兵戈无宁日,冯叔和独以身任国事,内外守备,上下帖然。墓位于慈城云湖长溪岭湾。

冯布政房位于慈城金家井巷东段,西临"福字门头",东连太湖路,是明万历年间湖广布政使冯叔吉故居,系明万历前期的代表性建筑,现为全国重点文物保护单位。据清雍正《慈溪县志》:冯叔吉,字汝迪,夒长子。年二十举嘉靖三十一年(1552)乡试第四名,次年中进士,除泰和令。未几,

冯布政房中厅

禄字门头（冯宅）

入为礼部主事。寻丁内艰中，蜚语被察，左迁两淮运判，擢徽州丞，迁池州守，进江西按察使，左迁山西参议，会盗掠芜湖，移江南兵备，升湖广右布政。丁外艰归，遂绝意仕途。曾自题："二十登朝，五十归里。"颜其堂曰"留余"。卒七十有二。现存前进的东、中、西三厅，共十一间，硬山式屋顶，中厅三间两弄。施用五架梁和六架梁，后金柱用金童落地作法，柱头多施十字科，但不置平身科，无平板枋。童柱呈方墩状，梁枕用材粗壮，截面呈长方形，梁下施丁头拱，用鼓形柱础，台门正南三米处原有照壁下残存刻有卷草纹的青石质须弥座。据传，太平军进驻慈城时，曾在此设公馆。

小东门冯宅位于慈城太阳殿路18号，俗称"禄字门头"，今名冯宅，是慈城保存较为完整的古代豪宅，现为全国重点文物保护单位。现建筑由台门、倒座、照壁、二门、三台院、余屋等组成。该宅大门朝东，进深两间，前有八字封檐墙，下端有须弥座，中部磨砖，上部砖雕出牡丹，几何纹以一斗六升半攒，上置筒瓦。木构门额上亦置平身科两朵，为一年六升。天井尽头有一照壁，下为须弥座，中间方砖斜砌，左右两方柱，下为腰沿式柱础，上端中部分雕有牡丹图案、几何线条、"寿"字，并有雕花之雀替。二门为一砖雕门楼，上端亦有两个平身科，左右各另加半。院墙比较讲究，

福字门头　　　　　　　　福字门头内精美花池

下部石质须弥座,刻卷草纹,上部平身科。院墙与正楼、厢房构成三间二弄三合院,中为天井,正楼重檐,用六柱,童柱为方墩式,柱头梁尾部下有丁头拱,前部置于檐柱夹之十字科上。檐檩无饰。柱础皆为珠式,明间有三重门,所有格子窗门,皆为小方格式。东厢房之窗前一桃栅栏,及保留一部分原建之舌形滴水瓦。据街坊耆老相传,此宅为冯家老屋,原二门上挂有一块冯氏"兄弟进士"木匾,因而推测,此宅原是明冯布政叔吉之弟工部司务冯季兆之旧居。冯季兆独子太常卿冯若愚,明万历丁未(1607)进士。冯季兆有三个孙子,其中长孙冯元飏,明崇祯元年(1628)进士,右佥都御史,巡抚天津;次孙冯元飚,明天启二年(1622)进士,兵部尚书。

福字门头位于金家井巷中段,现为全国重点文物保护单位。因二门照壁的南端,有一砖刻大"福"字,故称"福字门头"。原为明万历时湖广布政使冯叔吉住处的一部分,后冯氏衰落,乾隆时转卖给应氏大姓。该宅有前厅、后楼。前厅五开间,通阔18.8米,进深9.9米,明间为抬梁式,平梁上支蜀柱,前中柱金檩下的童柱为方形,后金柱采用金童落地的作法。柱头施十字科,梁下施丁头拱,无平身科。前檐柱为小八角形,童柱下缘呈圆舌形,梁栿间隙用芦苇为芯,谷壳拌泥抹裹,硬山屋顶,明间后方两檐

冯岳彩绘台门

柱旁砌八字形墙，上端砖雕做出斗拱，后墙中间辟有衣架锦式门。朝北一面有门楣题额，上款书"乙丑冬月"，中题"泽流思顺"，下款书"陈鸣宝题"。观其建筑风格当为明代末期。后进为一个三合院，有左右厢房，皆为楼屋，经考证，前厅具明代建筑之特点和风貌，后楼建筑为清初期之风貌，迄今保存尚完整。

冯氏彩绘台门位于慈城完节坊2号，为明嘉靖进士、南京刑部尚书冯岳故居的台门，现为全国重点文物保护单位。冯岳，字望之，嘉靖五年（1526）进士，历官南京工部主事、刑部员外郎、刑部尚书等，为官清正，执法不阿权贵，年逾六十辞官还乡，在此定居，还乡时万历帝亲赐此宅，门前并造"完节""淳德"二坊。此台门五开间，通面阔13.16米，进深7.05米，明间平身科有斗拱四朵，柱头斗拱为十字科，雀替与枫拱等采用透雕手法，刀法精巧。梁、枋和垫板等处，施白、红、青、绿等彩绘，题材有丹凤朝阳、白鹤牡丹、麒麟、卷草、几何纹等。大门两侧有须弥座、抱鼓石，梢间之前有八字墙，大门正南5.6米处有照壁，用方砖斜砌，下为石须弥座，浮雕麒麟与卷草纹，门前原有石狮一对，有旗杆石。该台门为浙东明代门楼彩绘和雕刻保存最好的一处，对研究明代宁波建筑装饰艺术和彩绘、雕刻艺

原马公桥边老三忠墓

术具有很高的价值。

冯京第宅,相传在慈城大西门内刘氏府邸东侧。冯京第,明末清初学者,抗清志士,字跻仲,号簟溪,学者称簟溪先生。清军南下,南京、杭州等地失陷,他参加浙东抗清义军,南明隆武帝时任监军御史。后与王翊结寨于四明山,任兵部侍郎。永历八年(1654)九月,清军袭击舟山,冯正患重病,匿居于大岚的颥顶山,为部将出卖被俘,慷慨就义。有部下为他保留一只手臂。后人将王翊之首与董志宁之尸和冯京第之臂,合葬于宁波江北北郊乡马公桥边,称"三忠墓",21世纪初三忠墓因城市扩建而迁往慈城朱贵祠后山,也算冯京第、王翊二人魂归故里。冯京第最有名之经历,为曾乞师日本,其事各种史籍所载不一。据《忠义录》记载:冯京第到达日本后,向日方乞师,江户幕府三代将军德川家光安置于馆舍,冯京第不肯就馆,哭其庭十四日,日夜不绝,幕府家臣们见之为异,皆环而笑之。德川家光以其事告于父亲德川秀忠,秀忠对他说:"明朝初年,胡惟庸谋反,我国原没有参与其事,而明朝竟以为我国串通之,诬我太甚。现在明朝灭亡了,关我们日本何事?而且现在国家安定,人民乐业,何必越过大海去兴兵戎之事呢?"德川家光以此言告冯京第,冯京第说之万端,终无法挽

前新屋冯宅内景

回其意，不得不返回中国。冯京第著作颇丰，有《浮海记》《三山吟》《中兴十二论》《簟溪自课》等书。

冯云濠故居位于慈城五马桥东北侧，俗称前新屋冯氏。冯云濠（1807—1855），字文濬，号五桥，清道光十四年（1834）举人。他出生于药商世家，四世祖即为创办宁波大药号冯存仁堂的冯映斋。相传冯云濠在宁波药行街开设的"冯万丰"药号，是浙东最大的药材批发商号，当时宁波是全国药材营销中心。咸丰初因资助清政府30万两白银作军饷，去镇压太平军有功，受到清政府嘉奖，并取得免税贩运的特权，业务大振，在全国各地开设许多商号，迅速致富。而慈溪药材商人也有冒"冯万丰"牌号运销的，好多人发了大财。与他所处时代相同，当过慈溪知县、宁波知府，后任浙江学政的段光清所著《镜湖自撰年谱》一书写道："慈溪冯氏巨富也，朝野闻名，有家财2000万"，"全国各地都有商铺"，"宁波东郊的几条街都是他的"。段和冯云濠兄弟都是朋友，应是十分了解他家情况的。冯云濠家有财产2000万两白银，这是多大一笔钱呢？当时全国一年的税收约为7000万两白银，著名的山西商帮和徽州商帮也无家族资产有2000万两者，即使被后代人奉为商圣的杭州"红顶商人"胡雪岩，其经商顶峰

清道光年间的醉经阁图

时资产也不到 2000 万两。当中国十大商帮之一的宁波帮,在上海滩风光最盛时,最富家族资产也只有 1200 万。可见冯云濠是清代国内最大的富豪之一。所以有人誉他为清代的沈万山,而清末宁波当地甚至产生谚语:"像不像,看冯霭云(小名阿荣谐音)样。"讽刺某人赚了一些小钱,却装成大富翁的样子。冯云濠经商成功后,生活十分简朴,平时喜欢看书写字,在家建造了一座浙江著名藏书楼——醉经阁,废寝忘食收集家乡文献,而藏书多善本。他同时又是一个十分豪爽的慈善家。光绪《慈溪县志》说他"好行善事,凡邑之浚河济荒等事不惜千金"。但他更是一个读书人,与同郡王梓材合作,完成了学术著作《宋元学案补遗一百卷》,北京大学出版社曾在 2003 年影印出版了此书。

著名哲学家冯定的故居位于慈城金家井巷布政房,原为明代湖广布政冯叔吉宅的一部分。冯定(1902—1983),笔名贝叶,1920 年毕业于宁波师范学校,后考入上海商务印书馆。1925 年加入中国共产党,1927 年入莫斯科中山大学,1930 年毕业回国,任上海赤色总工会秘书、中共江苏省委宣传部党刊编辑、新四军政治部宣传部宣教科科长、《抗敌报》主编,从事马克思主义基本理论的传播工作。1941 年皖南事变后,任新四军建

冯定　　20世纪50年代冯骥才祖居外高墙

抗日军政大学第五分校副校长。后历任新四军第四师淮北区党委宣传部部长、淮安华中分局宣传部副部长、华东局宣传部副部长等职。新中国成立后，历任马列学院第一分院副院长，北京大学教授、党委副书记、副校长，全国政协第二至五届常委，中国科学院哲学社会科学部委员，北京市哲学学会第二届会长，全国马克思主义研究会顾问等职。著有《平凡的真理》《人生漫谈》等，主要论著收入《冯定文集》。

　　当代文化大家冯骥才祖居位于慈城五马桥西北侧冯氏花园内。冯骥才是著名药号冯存仁堂创始人冯映斋九世孙，为当代中国著名作家、画家，被誉为中国民间文化的"保护神"。1942年生于天津，身高192厘米，人称大冯。他以广博深厚的文化素养、思想深邃的写作风格，数十年来创作了大量脍炙人口的文学作品，享誉中外。已出版各种作品集二百多余种，其中《啊！》《雕花烟斗》《高女人和她的矮丈夫》《神鞭》《三寸金莲》《珍珠鸟》《俗世奇人》等均获全国文学奖。根据《感谢生活》与《炮打双灯》改编的同名电影在夏威夷电影节和西班牙电影节上获奖。作品被译成英、法、德、意、日、俄、荷、西等多国文字，在海外出版各种译本数十种。他的绘画具有清逸灵透的个性气质，纯熟自如的笔墨技法，意味丰富的高超境

2002年冯骥才回到祖居

界,被公认为中国文人画的代表。他目前担任国务院参事、全国政协常委、中国文联副主席、中国小说学会会长、中国民间文艺家协会主席、中国非物质遗产保护委员会主任、天津大学冯骥才文学艺术研究院院长,《文学自由谈》杂志和《艺术家》杂志主编,并任国际民间艺术组织(IOV)副主席、中国民主促进会中央副主席等要职。前些年中国现代化的速度突飞猛进,不可避免地对几千年来老祖宗留存下来的许多文化遗产造成严重破坏。冯先生以公民和全国政协委员的身份,在全国政协会议上大声疾呼,会后又四处奔走,引起党和国家领导人的格外重视,使许多中国民间文化的瑰宝得到有力的保护。

(二)慈城杨氏

慈城杨氏主要分为四大支派,即南宋心学大师杨简家族的慈湖与太湖路杨氏,明布政杨子器与状元杨守勤家族的察院巷与顺四弄杨氏,清父子翰林杨泰亨、杨家骥家族的杨陈村杨氏,另有杨家巷与中华路杨氏。慈城杨氏宋元以来共中进士11人,明清时有举人19人。

南宋哲学家杨简,字敬仲,号慈湖,卒谥文元,慈城人,原住慈城西门

杨简　　　　　　　　　　　　察院巷

外石鱼山（今称妙山）山麓，后迁居慈湖北，即老慈湖书院旧址，他的儿孙后又散居慈湖南岸华家巷一带。杨简为乾道五年（1169）进士，历官乐平知县、温州知府、宝谟阁学士。晚年他筑室慈湖，宣讲理学之妙，并开创中国哲学史上著名的慈湖学派，学者称慈湖先生，也是宁波第一个走向全国的著名学者、思想家、哲学家。著有《慈湖遗书》《慈湖诗传》《杨氏易传》《慈湖家记》等。

慈城察院巷是东城一条小巷，位于巷西头北侧，旧有杨状元第、会元门楼、经元厅等建筑群，明万历年间，被称为科举史上凤毛麟角的杨三元（乡试经元、会试会元、殿试状元）就出生在这里。杨守勤，字克之，号昆阜，孙仲孙，世思子。生而豪放不羁，为文千言立就。明万历三十二年（1604）会试、廷对均第一（会元、状元），授翰林修撰。未几母亡服丧。期满迁中允，主持顺天乡试。寻丁艰，再迁谕德，充东宫讲官。后为右庶子，兼侍读学士。万历四十八年（1620）以疾卒。为人温润，矜气节，重名行。为文不事雕琢，著有《诗经悬鉴》《宁澹斋诗文集》等。清朝嘉庆己卯（1819）榜眼杨九畹为其族孙。

相传明万历状元杨守勤小时候在井边玩，不慎翻落井里，是路过的一

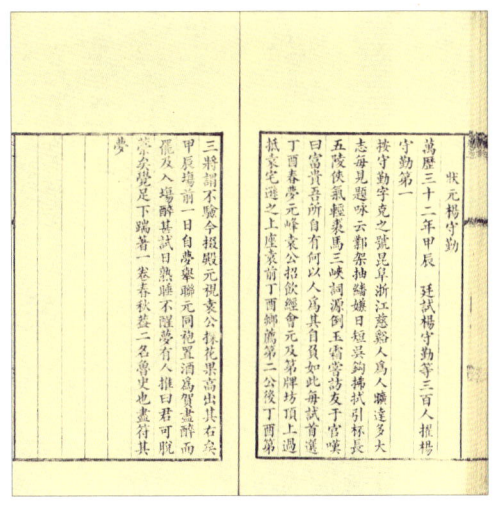

《明状元图考》关于杨守勤的记载

位江西来的风水先生把他救起,并告诉他的父母,此井通海底龙宫,他们的儿子已拜见过龙王爷,将来一定非常有出息。当杨守勤及第登科之后,慈溪城乡的百姓对此井产生一种迷信,自家儿子启蒙时,都喜欢打一碗此井水给儿子饮用,大有望子成龙之意。

杨榜眼第位于慈城三民路顺四弄,是清嘉庆榜眼杨九畹的故居。杨九畹(1783—1842),字兰畬,号余田。嘉庆二十四年(1819)进士、榜眼,授翰林院编修,后任陕西道监察御史、庆阳府知府、广东南昭连道。子杨聿燕,副贡生。曾孙杨敏曾为光绪举人,1898年任宁波储才学堂(今宁波中学)首任监堂(校长),是民国才子陈布雷的丈人。

(三)慈城桂氏

四明桂氏,慈溪为宗。慈溪桂氏,即1954年后的慈城桂氏,以北宋桂堂为始祖,名人辈出,家族昌盛,是浙东桂氏的发源地和最大聚集地。南宋以来,进士及第者16人,明辟荐(相当于进士)5人,明清两代走出举人24人、贡生15人。有南宋理学家桂万荣、进士桂锡孙,明洪武左长史、帝师桂彦良,驸马桂慎,参编《永乐大典》的桂宗儒、桂宗蕃兄弟,正统湖广

桂家祠堂大门（1980年摄）

按察副使桂怡，景泰贵州按察使桂琛，成化御史桂镐，崇祯山西提学副使桂一章，清乾隆四川德阳知县桂溥，道光淮海河防兵备道员桂文耀等。当代有北京大学教授桂琳琳，清华大学教授桂立丰、桂伟燮，台湾大学资深教授桂裕，原国家新闻出版总署副署长桂晓风，上海著名诗人桂兴华等。

　　桂万荣，字梦协，慈城桂氏始迁祖桂堂八世孙，慈湖先生高弟，登庆元二年（1196）进士。历任余干尉、平江通判、南康守、直秘阁、尚书右郎、宝章阁学士。告老还乡后，尝筑室东山之麓，创建石坡书院，读书其中。并取古人资于折狱者，类成《棠阴比事》一书行于世。从子锡孙，绍定五年（1232）进士。

　　帝师桂彦良宅（桂王傅宅）在慈城竺巷口双桂坊，为洪武皇帝师桂彦良所居。桂彦良，名德偁，字彦良，号清溪，以字行。少年慧敏，勤奋好学，就读于元朝理学大师创办的宝峰书院。元末进士，为包山书院山长，改任平江（今苏州）路学教授，后罢归。张士诚、方国珍先后相聘，均不就。明洪武六年（1373），授命征召入京，授太子正字，讲学于文化堂。明代开国初期，太祖朱元璋尊师重教，十分重视给诸王择师，时桂彦良与宋濂、孔克表、陈南宾、萧岐等宿儒，同为太子、诸王及功臣子弟师，其间桂彦良脱颖

原桂驸马弄桂氏旧居

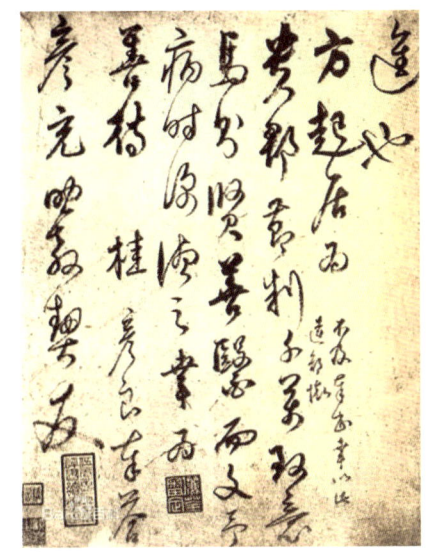
桂彦良《比到京帖》

而出，尤受皇帝青睐。朱元璋称道他学识渊博，教学得体，能以"二帝三王、孔孟圣学为本"，汇聚历代治政之精华，联系明代国情之实际，以启迪后人，解当务之急。并特择他为晋王傅。明太祖朱元璋虽读书不多，但肯学习，吟诗作赋，善写俚诗。桂彦良常在帝前步韵应对。据载，桂彦良在御座前朗诵，书声琅琅，声彻殿外，左右惊愕。帝赞许他才思敏捷，应对从容，语出自然，诗风诚朴。可见桂彦良的辞章文笔，很配农民出身朱皇帝的胃口。桂彦良与宋濂（文士）、刘基（军师）齐名，偕为太祖三足鼎臣。而朱元璋却对桂彦良情有独钟，称道他"江南大儒，唯卿一人"。洪武十八年（1385）桂彦良告老还乡，潜心著作。他一生著作甚丰，有《清节》《清溪》《山西》《桂笏》《老拙》《中都纪行》《陶诗春和咏》等集。据载，连名噪一时的大学士宋濂读了他的著作，也感叹不已，自以为不如也。

驸马桂慎是桂彦良的长子，由于桂彦良的关系，桂慎被明太祖朱元璋招为驸马。在慈城的竺巷口，有一座始建于明初的古建筑驸马第，清光绪《慈溪县志》卷四十三载："桂王傅宅，县治南祝巷口，晋王傅桂彦良所居。袁学士第东，有桂驸马弄，彦良长子慎同居于此。"桂驸马弄内的桂驸马宅今部分建筑尚在，清时进行过多次修缮。然所存房屋不管楼房平房都有高高矗立的五马头山墙,而且驸马宅的特征是台门上面都有石鼓,进石鼓门即为驸马居处了。现在石鼓门及驸马住宅楼三合院还完整地保留着,其西南连接着为数不少的厢房,从外表看,整体结构还相当分明。

今宁波市档案馆藏有慈城桂氏清同治年间抄本《四明桂氏宗谱》,此谱中附有清乾隆之前所抄录、成书于宋嘉定年间的《桂氏家训》。家训残存内容共五十五条,第七条中有教子用《三字经》记载。据专家考证,这是国内将《三字经》作为蒙学教材用以教育子弟的最早实践,也是使现知《三字经》的文献记载由明中叶一下子推进到了南宋中期,整整提前了近四百年。不但从根本上动摇了传称《三字经》作者是宋末元初宁波王应麟与广东佛山区适子两说的立论基础,而且客观上证明浙东是现知《三字经》最早的流传地区。

(四)慈城向氏

向氏是慈城著名望族。北宋真宗宰相向敏中的后裔于南宋时迁居至慈溪,即今三民路大耐堂地基。此后向氏分支向周边扩散,分居于五块桥板向宅、日新路向御史房、小关圣殿、向岙、向家村等地。向氏人丁并不兴旺,但科举毫不逊色,明清中进士6人,中举人13人。慈城向氏有元代学者向寿,明洪武献县令、义士向朴,弘治己未(1499)进士、廉州知州向锦,嘉靖二十三年(1544)进士、大理评事向洪迈,及其子万历五年(1577)进士、礼部侍郎向东,嘉靖乙丑(1565)进士、湖广道御史向程,崇祯七年(1634)进士、南京太常博士向北,清顺治十八年(1661)武进士、泰州游击将军向腾蛟等。

向氏大耐堂位于慈城镇三民路,原是向家祖屋的厅堂,系明代早期建筑,现为浙江省重点文物保护单位。据《向氏宗谱》,引《宋史》所称"向敏中大耐官职",为纪念先祖向氏故称大耐为堂号。大耐堂原悬有明代天顺间(1457—1464)题"大耐堂"匾及其他匾额十余块,在"文革"期间全毁,现仅留有照片。该堂为单檐硬山式三开间建筑,穿斗架的木结构厅堂

大耐堂老匾

大耐堂内景

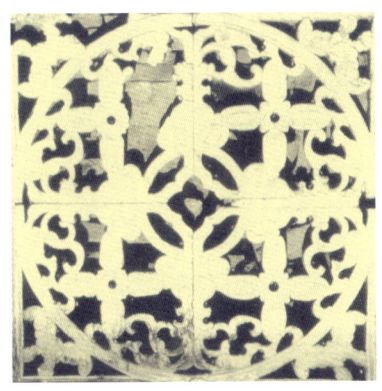

向氏精美的砖雕花窗

高大，通面阔13.87米，通进深15.54米，面积200余平方米。大耐堂尚存歇山顶厢房，两次间与清前期所建的向宅东厢房位于一条南北向轴线上。厅堂明间梁架施中柱，前廊为船遵轩，抱头梁上支两座斗，施十字科。梁架上部之隔墙为芦苇芯，外抹掺有谷壳的黄泥，穿下施板壁，椽上铺芦苇望砖。现在基本上保持原貌，是宁波市具有代表性的明代早期建筑。

五块桥板向宅位于慈城民主路70号，现为浙江省重点文物保护单位。此宅是清乾隆年间由江苏泰州游击将军向腾蛟之孙向恒升建造。由门楼、照厅、正厅、东西厢楼组成四合院，前有东西向的弄，弄口有冬官、恩荣二坊。大门前为八字形檐墙，石须弥座，石、砖构件都精雕细刻有卷草、仙鹤、博古、人物、花草、寿字等纹。正厅三开间，上柱十檩，施中柱、单步梁和双步梁及鹰嘴式瓜柱，前为廊，用抱头梁。门厅上有"进士第""登科"前后二匾。正厅三开间重檐硬山式，原悬"裘带风高"匾。倒厅内原悬"麟阁完人"匾。东厢房与向氏的明代建筑"大耐堂"相连。全宅装饰题材，是乾隆年代五马头山墙、鹤、鹿、福、禄、夔、龙、竹、桃、葵、莲、卷草

向氏恩荣坊

乃至博古、人物等，现保存完整，若加以修缮，定能重现乾隆年间建筑的风采。

　　向氏恩荣坊位于慈城民主路70号，为向宅门坊，现为浙江省重点文物保护单位。向宅与大门的恩荣坊均建于清乾隆四十一年（1776），此坊由向氏后裔向恒升承旨为其祖向腾蛟所立。向腾蛟，字文赤，顺治十八年（1661）武进士。历经守备，升江苏泰州游击将军，历官三十余年，年迈告老还乡，乾隆帝表彰其功绩，封为武骑将军，并下旨建坊。恩荣坊为单檐歇山顶建筑，坊高6米，面宽3.5米，用青红两种颜色的石料建成，屋面石刻成间瓦正脊，上有两个鱼形鸡尾，正面上部额枋正中悬一块双龙抢珠匾额，上刻"圣旨"二字，下额枋上中间有透雕的双狮舞绣球图，两边各浮雕一个龙头，北向上部额枋正中也是一块双龙珠直匾，阴刻"恩荣"，中间额枋横出阴刻"诰封三代"，枋北端有"乾隆丙申（1776）孟秋上浣吉旦"之款，南端有"儒林郎候选州同知孙向恒升建"的署名。此坊为宁波市保存完整的清建石雕牌坊。

（五）慈城张氏

张氏为慈溪县世族，最早出名为唐孝子张无择，此后名人辈出，科举发达。历史上张氏中进士33人，中举人41人。城内主要分居于东横街张太守房，中山路文武进士第，尚志桥东张尚书第，光华路张家园等地；城外散居于张陆、洪塘、马径、篱笆张、支浦张等数十个村落。

张楷旧宅位于慈城东横街张太守房原百忍堂旧址。张楷，字式之，万历工部尚书张九德是他曾孙。生于建文元年（1399），逝世于天顺四年（1460）。永乐二十二年（1424）进士。宣德初，张楷试政于夏官，拜江西道监察御史。宣德六年（1431）考绩至行在因献圣德颂，正统初乃还，在任能辨疑狱。正统五年（1440）用大臣荐升陕西按察佥事理，理屯督赋、兴修水利，俱有成绩，寻迁副使。正统十二年（1447）升都察院右佥都御史，不久出任福建巡抚。天顺元年（1457），又转任南京都察院。张楷是明初著名诗人，张楷所撰《蒲东崔张珠玉诗集》二卷，包括诗一卷、文一卷，国内已失传，仅存日本刊本的《蒲东珠玉诗》，并附有著者张楷的生平事迹。张楷是当时书法名家，善行草隶篆，所著有《四经糠秕》《大明律斛律条撮要》诸书。张楷又是明初著名画家，他以画《圣迹图》名留史册。北京大学教授李零指出："圣迹殿中的《圣迹图》从哪儿来，一般说法，它是从明正统九年（1444）张楷的线描本发展而来。张楷是明代早期人，它的《圣迹图》原本是石刻本，早佚。"

张氏文武进士第位于慈城中山路文武进士弄内，是明代进士张瑭、张琦，武进士、榜眼张光故居。张瑭，字廷玉（宋张虑后裔），正统己未（1439）进士，为刑部主事。张琦，字廷珍，正统举人，天顺进士。张光，张瑭后裔，万历三十二年（1604）武进士、榜眼。

张尚书第位于尚志桥东，是明工部尚书张九德的故居。张九德，字成仲，又为威仲，别号曙海，明都察院右佥都御史张楷四世孙，明万历二十九年（1601）进士，历任松江知府、河东兵备、提刑按察使、延绥巡抚、工部尚书。今张尚书第为宁波市江北区文物保护单位。

《明状元图考·姚涞》

《四明人鉴·姚镆》

（六）慈城姚氏

四明姚氏，源自慈城大关圣殿西民族路上的植本堂。姚氏祖屋，世称姚家大堂，又号"江南文献世家"，为慈城姚氏的大本营，是宋元慈溪县"姚、刘、冯、陈"四大望族之首。姚氏始迁祖为北宋姚嗣宗，天圣、明道间（1023—1033）为环州军事判官，监庆州粮料院，庆历间授浔州郡守，晚徙居慈溪之平政桥，即后代所建植本堂原址。"植本"为老姚氏宗祠的堂号，是宋姚榛所筑，并是宋末神童姚正子、明尚书姚镆等后世所居。慈城姚氏名人辈出，科举绵连，从宋至清中进士19名，中举人37人，其中姚颖、姚涞是状元。植本堂前原有"神童乡"门坊，是宋绍定间（1228—1233）县令叶汝明为七岁能文、九岁应举、咸淳庚午（1270）解元姚正子立。明正德三年（1508）知县倪璋重立。

植本堂后面今存明刑部尚书姚镆故居，为浙江省重点文物保护单位。姚镆，字英之，号东泉，弘治六年（1493）进士，授礼部主事，进员外郎，擢广西提学佥事，迁福建副使，未几改督学政。正德九年（1514），擢贵州按察使。正德十五年，拜右副都御史，巡抚延绥。嘉靖四年（1525），迁右都御史，提督两广军务，兼巡抚田州，进左都御史加太子少保。嘉靖十三年，

慈城水门下姚家大门

明尚书姚镆故居

升兵部尚书总制三边军务,未赴任,告老归里。姚镆以清廉而闻名于世,据记载:"时天下布政使廉名最著者二人,梁材与姚镆也。"著有《东泉文集》若干卷。

姚涞学士第是明代嘉靖二年(1523)状元姚涞的故居,在慈城中山路东段北侧。学士第的北墙外隔民族路,即姚涞祖居植本堂。姚涞,字维东、遂东,号明山,为刑部尚书姚镆长子。正德十一年(1516)中举,后数次会试均落榜。嘉靖二年进士第一(状元),授翰林院修撰。次年为争"大礼仪"事,与学士丰熙等受廷仗下诏狱。后复官如故,未几寻充经筵讲官,迁左春坊左谕德,晋侍读学士。嘉靖十六年主持北冀乡试,取士甚多,所取试文一时为天下范式。同年归里服父丧,不久哀毁卒。姚涞长于经学、史学、诗学,时有"翰林三绝"之称。著有《诸边图》《明山文集》《国朝人物考》等。

(七)慈城刘氏

刘氏是慈城千年大族,自北宋从外地迁居慈城后,世代官宦传家,绵延数百年,人称诗书簪缨刘氏,是宋元时慈溪县"姚、刘、冯、陈"四大家族之一。慈城民族路上刘家弄刘氏宗祠世彩堂、刘氏桂花厅一带,就是刘氏

刘氏宗祠世彩堂

发祥的大本营。明清后分居至慈城大西门、郭家桥、西莫家巷、刘马湖、罗江、妙山上刘、下刘村等地。刘氏是慈城著名的科举世家,历史上中进士27人,中举人49人。刘氏名人有南宋太常寺丞刘勉,嘉定进士刘厚南,景定刑部员外郎刘扬祖;明永乐编修刘本,天顺云南参政刘炜,弘治南京尚宝卿刘滂,嘉靖尚宝司少卿刘世龙,凤阳知府刘安,庶吉士、山东道御史刘士逵,湖广左布政使刘志伊,万历太仆寺少卿刘伯渊,光禄少卿刘宪龙;清康熙进士刘初吉,乾隆进士刘应麟,光绪进士、书画家刘一桂等。

世彩堂位于慈城民族路刘家弄内,为植本堂姚氏的西邻,是慈城刘氏宗祠的堂号。该祠堂原为刘氏先祖南宋太常寺丞刘勉的故居,其子孙四世一门,人才辈出,祠周边一带为刘氏聚族而居之处。现祠堂建于明代嘉靖年间,其他附属建筑均已毁坏,仅存三开间的厅堂一座,原有"世彩堂"匾额。世彩堂明间抬梁式,正贴为五架梁,上置西瓜柱,支三架梁,中间置脊瓜柱,蝴蝶木,瓜柱皆粗壮,柱头上置圆斗,开十字科,正贴之前二界用双步梁方斗十字科及单步梁,后全柱与老檐柱间用双步梁,方斗小字科及单步梁,后金檐柱间额上皆有平故枋。边贴施中柱。梁下普遍施丁头拱三架、五架,梁下丁头拱特宽。两山墙之封檐墙上部还保留着简朴而富有

刘氏桂花厅

特色的曲线,以及部分古式瓦当(上有数道水波纹,下为阴阳桃纹)。檩子粗壮,屋顶硬山式柱础呈珠形。柱础最大的腹径在中间。围墙底部皆用条石,东北山墙间存有清嘉庆九年(1804)所立的《遵奉宪示永保祀产并免值役碑记》一方。此祠是宁波市仅见的明代祠堂建筑,是研究古建筑的重要资料,现为浙江省重点文物保护单位。

刘氏桂花厅位于民族路世彩堂西侧,是慈城刘氏大族的一处宅院,因大门前有一座青云门坊,也称青云坊刘氏。桂花厅为刘家中堂,明万历四十八年(1620)重修,主人曾在此品桂吟诗,故称"桂花厅"。大门朝南,原建筑中轴线上为照壁、门楼、前厅、中堂、后楼及左右厢房。中堂面阔三间,高近6米,用中柱。后第三檩下明间有平身科四朵。前檐柱为小八角形,柱头多施十字科。梁下用丁头拱。台门、前厅已毁。后楼及西厢房已有更改,唯中堂仍保持原貌,东厢房大体接近原貌,前有照壁,后有井池各一。隔墙均以芦苇、木条为芯,外抹掺有谷壳的黄泥。中堂系典型的明代建筑,现为浙江省重点文物保护单位。

明永乐祭酒陈敬宗

（八）慈城陈氏

慈城陈氏宗祠为世德堂，又称陈氏大堂，原位于慈城东横街学弄之东侧，元人陈绍建。世德堂陈氏，又称县前陈氏，以元时陈绍为始祖，是明清时慈溪著名科举家族之一。自明至清中进士15人，武进士2人，辟荐（相当于进士）11人，举人47人，贡生24人。其中有明代著名祭酒陈敬宗，广西道监察御史陈熙，南京尚宝卿陈鲸，刑部主事陈文誉、陈文谟，广西布政司右参议陈茂义，江西兵备副使陈茂礼，清康熙礼部主事陈吴岳，同治编修陈钦，光绪刑部主事陈康瑞等。

元慈城人陈绍在大东门北侧幽远经堂内建有望烟楼。陈绍，字成甫，号幽远处士，居址在慈城东横街学弄右侧。尽管家极富有，但他崇尚淡泊，粗衣粝食，唯以行义为急。遇邻里丧不能举者葬之，死不能敛者资其衣棺，贫不能自存者赈以粟。陈绍是慈城历史上著名的善士，事迹载历代省、府、县史志。

永乐祭酒陈敬宗宅原位于慈城骢马桥东南，今陶家弄南口原有大司成堂，为明永乐南京国子监祭酒陈敬宗所居。陈敬宗，字光世，号澹然居士，是陈绍后裔，为慈城陈氏家族标志性的人物。明永乐二年（1404）进士，选庶吉士,进文渊阁,参与修《永乐大典》,后授刑部主事。永乐十二年,又与修《太祖实录》《北京志》《五经四书大全》,授翰林院侍讲,后因母丧归里。宣德元年(1426)服满复职,与修《两朝实录》,次年转南京国子监司业,宣德九年升祭酒。严立教条,痛改旧习,日励诸生,进学成德。景泰元年(1450)致仕归里,卒时年八十三,谥号文定,赠礼部侍郎。有明一代世称"贤祭酒"者,南陈(敬宗)北李(时勉)。著有《澹然居士集》《北京赋》《纪玄录》等。

  陈氏符卿第始建于明代嘉靖间,是南京尚宝卿陈鲸故居,坐落于慈城民权路29号,现存建筑清中期进行过较多改修,今为宁波市江北区重点文物保护单位。据《两浙名贤录》:陈鲸,字石卿,自号闲山。嘉靖五年(1526)进士,授湖广浏阳知县,治称神明。秩满当迁,士民疏留,复任三载。擢吏部考功司主事,转文选司,升员外郎,晋稽勋司郎中,转验封司。周历四司,积题本稿成帙,读者称其曲尽事情,通达国体执政。欲转春坊,谕德引以为助,鲸力辞之。夏言当国数对人称鲸才,拟大用,忌者间之。当外补,鲸闻喜曰:"吾母老矣,得外任以就养,相公之赐,孰大焉?"遂授南京尚宝卿。该宅由厅堂、后楼、厢房等组成。大门、二门朝东,大门前后有轩,倒抱鼓石,南院墙是照壁。前面天井隔壁墙分三段空间。前厅重檐山式,马头墙,九开间,中三间为厅堂,前廊为抬头轩。宅的梁、枋、雀替、砖墙等处有木雕、砖雕、石砖等建筑装饰艺术作品数十幅,雕刻有故事人物、亭台楼阁及松鼠、葡萄、石榴、佛手等。据冯氏后裔叙述,此宅清道光时已全部卖给冯骥才高祖冯汝霆先生,一直到民国时都是冯氏后裔居住,为此笔者专门查考了1937年慈溪县城地籍图,符卿第果真全为冯氏子孙所有,而此宅中心厅堂也名叫"冯存仁堂",与冯骥才祖上支祠——启承祠的堂号完全一致。

  陈翰林第位于慈城光华路藕田墩,是清钦点翰林院庶吉士陈钦故居。陈钦,字子仙,同治六年(1867)中举人,十年中进士。历官翰林院编修,陕西乡试副考官。陈翰林第今入选宁波市首批历史建筑。

钱氏甲第世家前厅

（九）慈城钱氏

钱氏在慈城主要分东街和骢马桥下两大支派，都是吴越王钱镠十三世孙在元代时迁往慈城的。东街钱氏祠堂为钱正宗祠，堂号"致思"。城内分居在金家井弄甲第世家、永明路钱家门头、陶家弄钱大夫第、鼎新桥钱知县房等处。骢马桥下钱氏祠堂为大祠堂，堂号为吴越世家。城内分居在日新路冯尚书第、蔡家弄钱氏大屋、光华路、南门等处。慈城钱氏明清时中进士8人，中举人26人。

钱氏甲第世家位于慈城金家井巷西段，故宅西侧即为钱家弄，现为全国重点文物保护单位。建于明代嘉靖间（1522—1566），宅主人钱照，嘉靖七年（1528）中举人，十一年中进士，官至翰林院佥事。其子钱维垣，诸生，事祖父至孝。孙钱文荐，明万历三十五年（1607）进士，授新野（今属河南省南阳市）令。后代又有数人登第，因题门匾"甲第世家"，原匾额为明苏州才子文徵明所题。该宅坐北朝南，由台门、二门、前厅、后厅及左右厢房组成，大门南向在宅的东侧。中轴线上共有前后两进主体建筑，前进为三开间，明间两缝为抬梁式结构，边帖为抬穿混合结构。前厅单檐硬山式，五开间，通间阔17.35米，深11.83米，明间为抬梁式，前后檐下铺条石，

甲第世家前厅梁柱

后堂是五开间高平屋，面阔同前厅，除明间外，皆施隔栅，上有阁楼，屋顶硬山式，左右厢房，楼屋重檐，南端上檐仿歇山式，北端为硬山式。全宅、大厅为明中晚期建筑，后堂稍晚。它是宁波市保存较完整的一组明建筑群，为明代晚期建筑的典型，已被写入《中国建筑史》。钱照之孙钱文荐为明慈溪名士、文学家，所著《丽瞩楼文集》十一册，明刻全本现被日本收藏。据清光绪《慈溪县志》卷二十九《列传》："钱文荐，字仲举，别号石楼。生而白皙，风神韶秀，望之如璧人。十五成诸生，甲午（1594）举于乡，登万历三十五年（1607）进士，授新野令。邑俗剽悍，文荐取巨猾置之法。设仓廒，贮粟备。丁艰，起补宜春。升工部主事，榷税清江，省耗蠹以万计。"

钱知县房位于慈城日新路，此宅原为明万历十二年（1583）进士、江西新建县知县钱景超府邸，俗称钱知县房。由南往北依次为前厅、前楼、后堂、后两楼，共五进。前楼为明代建筑，20世纪80年代被火烧毁，今存建筑为原钱知县房后三进，即第三、第四、第五进，清时进行过改建。相传晚清时钱氏后裔曾在外地经营药材发财，著名诗人徐志摩为钱氏外甥。

钱大夫第位于慈城陶家弄，清代建筑，二进院带偏院形制，正堂建筑坐北朝南，五开间。头门已毁，二门基本完整，门楼背面上有"世德相承"

钱大夫第内景

四字。正堂栋梁用木粗大,做工考究,在慈城地区难得一见。曾任上海市委常委、政法委书记、政协副主席的鄞县人石祝三家与钱家有特殊的关系,石祝三童年时曾在钱大夫第内生活,并在慈城接受正规的教育。

书法家钱罕故居,原位于骢马桥下 10 号,为明朝嘉靖冯岳尚书第老屋。关于钱罕,他的门生、书法大师沙孟海曾在 1980 年 10 月写过钱罕小记:钱罕(1882—1950),字太希,号觉于居士,浙江慈溪(原慈城骢马桥下)人。早年入上海复旦大学学习理化,后弃去。泛览群经诸子,钻研文字声韵之学,尤擅书法,功力深厚,晚岁就上海教席,订例鬻书,当时沪上书法界有"浙东二妙"之目,即指先生与绍兴任堇叔(堇)也。

(十) 慈城王氏

历史上慈溪县有多支王氏支派,但影响最大的两支为慈城花园王氏和三凤王氏,其他有骢马桥下王氏、子孙弄王氏、毛力王氏、小西坝王氏等十几支。花园王氏始迁祖是北宋王景山,从鄞县武康乡迁徙慈溪县城华家巷浮鳖山之东麓,因家辟有一座大花园,故后族号为"花园王氏"。花园王氏宗祠建于明代,堂号世庆,位于慈溪县前王家祠弄。三凤王氏始迁祖

骢马桥下钱罕故居线描图

是王万五,南宋初从北方迁往慈城唐家堰桥,因明初族中出过工部尚书王来、刑部主事王复、广东佥事王鼎三位高官,人称"三凤",故后名其族。三凤王氏宗祠称懋宗祠,堂号崇本,位于慈城唐家堰桥东侧。王氏是慈溪县有名的科举世家,出过进士36人,举人60余名。名人有宋文学家王休;被明洪武帝称为老学士的王桓,以举人升为工部尚书的王来,景泰十才子之一王淮,都御史、名医王纶,监察御史王术,九江知府王惠,都御史王纯,工部主事王朝阳,万历探花、翰林院编修王应选;清顺治知府王嗣皋,监察御史王益孚,礼部主事王肇成。并有清末开创中日民间文化交流的四位先驱,即王治本、王惕斋、王琴仙、王汝修,旅美幼童之一王凤喈,以及1951年为珠穆朗玛峰正名的王勤堉,著名科普作家王幼于,北京大学原常务副校长王义遒等。花园王氏主要居住在县前王家祠周边,小关圣殿东王同知房、小西门外翰第、坦园等地。三凤王氏主要居住在唐家堰桥周边、尚志桥、东山下、黄山村、湖塘下、相岙等地。

王桓,明洪武帝呼他为老学士,他为三凤王氏带来第一缕书香,是第一个走上仕途的标志性人物。王桓,字彦贞。洪武四年(1371),以通经学古荐于朝,朱元璋召见,便殿问桓:"乡里好恶,如何?"桓对曰:"善者好

明工部尚书王来

地理学家王勤堉

之,不善者恶之。"一言称旨,乃命与尚书魏杞山、钱惟明,学士宋景濂讲论治道,逾年授国子监学正,未几,转河南卢氏县令。他赴任后政教一新,百姓怀其德。洪武十二年(1379)致仕,卢县百姓立祠祀之。王桓告老还乡后,乡人有什么不平事,无论大小都取决于他,时人称王桓为明白先生。子王伯熥(尹发),广东参议;王伯辉(尹实),中书舍人;王伯燻(尹和),金溪县令;王伯爔(尹哲),石城县令。

王纶故居位于慈城县前王家祠弄。王纶,字汝言,又号节斋,是明代湖广巡抚,杰出的医学家,他是花园王氏家族杰出的代表。成化二十年(1484)进士,除工部都水司主事,改礼部仪制司,转主客司员外郎、鸿胪寺通事。正德间历广东参政、湖广右布政、广西左布政,后擢都御史,巡抚湖广。王纶精于医,外任时常朝听民讼,暮疗民疾。有《本草集要》《明医杂著》《国史经籍志》《伤寒参戒》《医论问答》《节斋小儿医书》《胎产医案》等医籍,以及《学庸要旨》《节斋杂稿》《礼部要稿》《分守要稿》等著作。王纶不仅是一位造福人民、有益于社会的官吏和学者,更是一位造诣极高并有创识的著名医学家,对于后世医学发展起着良好的促进作用。

黄山大夫第为三凤王氏后裔王严理在清嘉庆年间建造,相传占地数

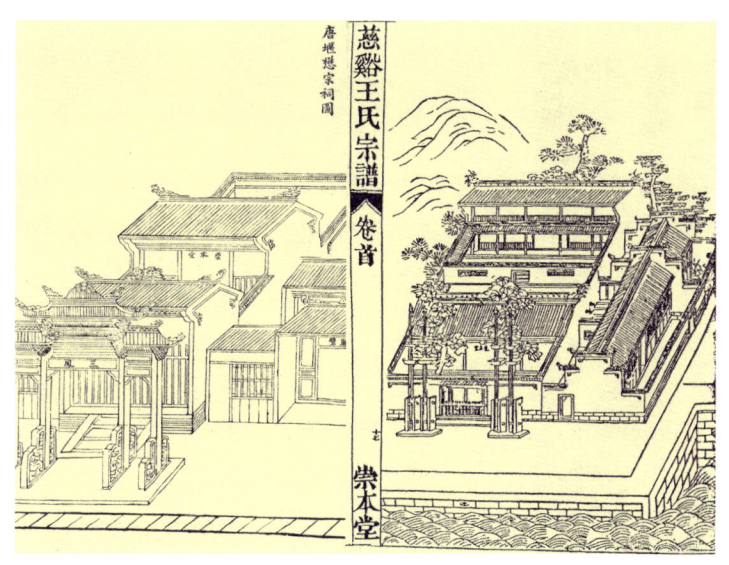

中山路三凤王氏宗祠图

万平方米,前后五进二弄,另有前后花园及数幢附属用房。目前除了中堂及西厢房、花厅外,大都已被毁。而原黄山大夫第中堂超大砖雕屏风,为国宝级的珍品,1982年初被移至全国重点文物保护单位保国寺珍藏。这堂16扇门状砖雕屏风,每扇砖屏的高度为2.5米,宽度为0.5米,砖厚4—5厘米,采用特制的细腻而坚实的水磨青砖雕刻,每块青砖的高宽均为40厘米。整扇画面分为五段,分别包括花鸟、博古和如意吉祥图纹,而主体画面在80厘米×40厘米的范围内,采用了16个中国古代的名人故事,即高山流水、北海牧羊、博士传经、东坡尝砚、候涛题壁、圯桥受书、写经换鹅、敬忠敬宰、东篱采菊、踏雪寻梅、贤母教勤、商山四皓、孤山放鹤、君子慕莲、百尺梧桐、竹林七贤。这套砖屏的16个人物故事,大都有历史依据,画面上人物的男女老幼、喜怒哀乐,景物中的春夏秋冬、山水花鸟,都表现得生动有致,情景交融,看得出属我国明清时期民间雕工的丹青体手法,采用宋元以来山水人物的传统表现技艺,有的画面上还题诗盖印,足见该套屏风的画稿设计追求文人画的意境。如再从雕刻技艺上来研究,整套屏风采用统一设计,分块雕刻,经分工以后再集中组装,浮雕的层次分明,质感强烈,刻工的刀法纯熟,整体效果极佳。雕成以后再用砂石打磨,不

北海牧羊砖雕

圯桥受书砖雕

留痕迹,诸如"北海牧羊"中苏武,"圯桥受书"中之张良,"高山流水"中之伯牙和钟子期,"孤山放鹤"的林和靖,以及陶渊明、王羲之、苏东坡、王安石、周敦颐等,令我们目不暇接,百看不厌。

王铭槐故居位于慈城黄山村。王铭槐(1846—1918),宁波帮在天津早期的领袖,曾任天津、沈阳两地德商永和洋行买办。因他的关系,他的儿子、孙子、曾孙数人在洋行任买办,王家因此被誉为"买办之家"。同治年间,他初在叶澄衷所开上海老顺记商号任司账,光绪五年被叶氏派统天津任顺记分号经理,负责对外联络。通过同乡严信厚的关系,奔走于李鸿章门下。不久离开老顺记,任德商来洋行买办,专事军火及机器生意。1896年由李鸿章推荐出任华俄道胜银行天津行买办。该行参与列强向中国政府的贷款活动,王从中赚取佣金和回扣。同时利用道胜银行库存现金大做生意,广置产业,在天津拥有大量房地产,占据天津新开辟地区沿今和平路一带最繁盛地区,开设道胜洋行、久福源绸庄、回春大药房等,又投资辽宁铁岭一处金矿和牛庄道胜金店,并在津开设胜豫银行,20世纪初在津、京到奉天沿途重要城镇设有20余家银行,垄断了这一地区的信贷业务,成为天津

旅外商人在家乡黄山村建造的大屋

巨富和四大买办之一。他的儿子王采丞年轻时曾做过杭州胡庆余堂坐办，后去天津任青岛德华银行、天津中法工商银行买办；族孙王品南曾任天津永丰洋行、中法工商银行买办，还数次向慈城黄山崇本小学捐款，并担任董事长；重孙王义范，也曾任天津永丰洋行买办。

旅美幼童王凤喈故居位于慈城尚志桥北。留美幼童是19世纪70年代初由清政府派往美国留学的120名中国幼童的总称，是中国自古以来由政府派遣的第一批官费留学生。他们出国时平均年龄为12.5岁。其中就有慈城三凤王氏后裔王凤喈。王凤喈，字仪廷，慈城三凤王氏后裔，住尚志桥北。作为中国第一批官派留学生，王凤喈勤奋好学、谦逊待人的日常表现给人们留下了深刻的印象。中学毕业后，王凤喈以优异成绩考入美国著名学府哥伦比亚大学矿业学院。正当他潜心攻读之时，风云突变，由于留美幼童的"西化"令清政府不能容忍，1881年秋季留美学生被迫中断学业，凄然回国。民国十年（1921）慈溪《王氏宗谱》崇本堂刻本载："王凤喈，出洋官学生，保举守备衔，拔补千总，委充天津水师学堂教习，奏调英、法、比等国出使随员。"回国后，王凤喈在天津北洋水师学堂任教8年，成绩卓著。其间有驾驶、管轮各两届学生毕业，学生中有后任民国

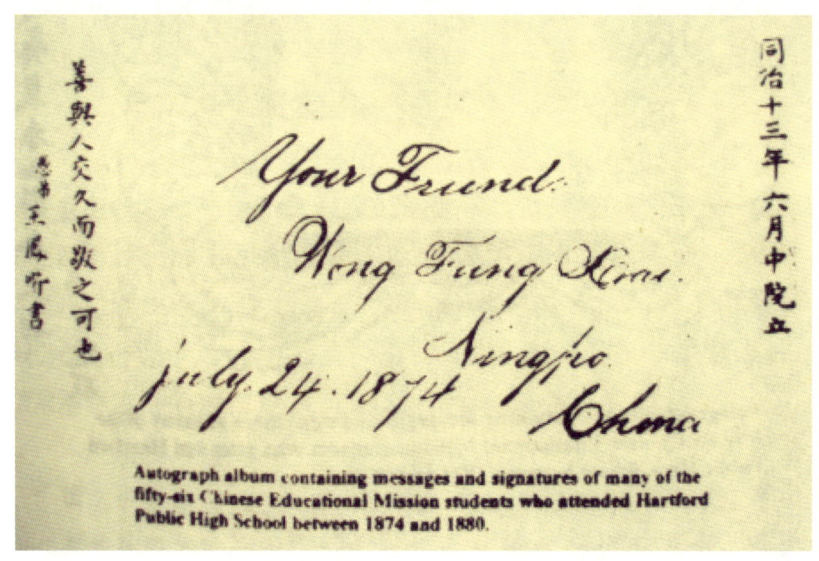

留美幼童王凤喈手迹

时期大总统的黎元洪，历任海军部军学司长、参事、次长的谢葆璋（著名作家冰心的父亲），曾任烟台海军学校校长的郑汝成等，还有他的胞弟、甲午海战时定远舰管轮，后任复旦公学教授和沪宁铁路、津浦铁路总工程师的王如璋。1890 年至 1894 年，薛福成出任英、法、意、比四国公使，王凤喈以其丰富的西学知识和高超的外语才能被选作随员，以候补翻译官的身份随同薛福成出使欧洲，成为我国第一代留学生外交官。可惜在归国途中，王凤喈不幸染上黑热病，殁于行驶于地中海的轮船上。

（十一）慈城董氏

董氏是慈城最早的土著，从西汉大儒董仲舒孙子董春迁往慈城后，代有闻人。慈城董氏有东汉孝子董黯，唐进士董淇，宋福建转运司提举董添，明淮安知府董允升，参议董允茂等。董氏在慈城主要分居有董太守房、庆泰董家、民族路董宅、董家桥董氏。城外董氏主要聚集在西乡三七市及其周边。

董黯故居原在慈湖董孝子溪边，董黯是西汉大儒董仲舒的六世孙，他孝敬母亲，感天动地，受到和帝的嘉奖。他去世后，安帝延光三年（124），

慈湖董孝子溪今貌　　　　　　　　浮碧山下董孝子井

皇帝诏旨在慈城董溪边故居立祠祭祀。此后董孝子对慈城一直有着深刻影响，慈孝之风弥漫每一寸土地，历代孝子层出不穷，以至于今天以慈城慈孝遗迹为中心的宁波市江北区，成为首个"中国慈孝文化之乡"。

慈城董孝子井原有两口，一口在浮鳖山西，一口在小东门慈溪巷（今慈城太阳殿路林家桥西），可谓家喻户晓，妇孺皆知。董孝子本名董黯，自从他的祖父董洵由北方迁来后，先居阚湖畔。董黯的父亲早亡，母亲是县南大隐人。他母亲晚年双目失明，一次生病时，非常想喝大隐的溪水。于是董黯每天起早摸黑去30多里外的大隐背水，日子久了，他的孝行感动了上苍，一天他家边上冒出泉水，他母亲喝后，觉得味与溪水一样清甜，于是董黯随泉水挖了一井，即浮鳖山西的孝子井。后董黯徙居慈城小东门，乡邻们想办法在他屋后边挖了一口井，相传此井与大隐溪水相通，味道也一样清甜，此即慈溪巷的孝子井。后来董黯还因孝行受到东汉和帝的嘉奖，被奉为浙江境内有史以来第一位著名孝子（原宁波南站附近的祖关山董孝子庙就是纪念他的）。宋景定三年（1262），状元方山京曾为慈溪巷孝子井作《慈井》一诗："古井千年尚著名，只缘慈孝不胜情。碧烟自好浓霜白，何必溪流擅独清。"慈溪巷孝子井历代都受到保护，井边原有一块刻有"孝子董黯之井"字样的石碑，相传为南宋皇帝的御书，可惜于"文革"时被毁。

董太守房原位于慈城骢马桥南一百五十米东侧，为明淮安府知府董允升的居所。董允升，字吉初，号二醇，董时彦长子。明万历四十四年（1616）进士，历知莆田、六合二县。调溧阳，为民勤政，爱惜士人，以明敏称。升南京兵部主事，历武库郎中，出知淮安府。其弟济南道佥事董允茂，字承初，号豸章，崇祯十年（1637）进士，授刑部主事，调兵部员外郎，升山东济南道佥事。

（十二）慈城秦氏

秦氏以元时秦元辅为始祖，是慈城著名科举世家，自明至清以来考中进士11人，辟荐（相当于进士）1人，举人22人，贡生14人。其中明代有山西参议秦岳，江西道监察御史秦钺，南京刑部主事秦金，湖广兵备秦钫，广西按察司佥事秦宗道，江西左布政使秦淦；民国时有上海金融业巨子秦润卿，武汉钱庄界领袖秦禊卿；当代有青岛市长秦家浩等人。

秦氏祖祠位于慈城东镇桥北侧，名祖堂。而秦氏的来历，据民国十七年（1928）秦润卿所作《重修宗谱序》："吾秦本叶姓，宋石林公梦得后也。公七世孙元辅府君，讳宰，顺帝时由余姚徙居慈溪，为迁慈一世祖。次子复道府君，转叶赘秦，秦无子嗣，袭其姓至今，遂为秦氏云。"除这座祠堂外，秦氏另在慈城小东门外东山下建有一座家庵——蔡氏庵。也许让人有些迷糊，秦家人的家庵怎么姓蔡？据明初文学家乌斯道撰《蔡氏教庵记》一文中云："公辅本出叶氏，盖宋丞相梦得公后，秦从外姓也。叶既不复称，而秦亦非初姓，乃因其文之近似者，各杀其半而两用之，故总名之曰蔡氏，云教庵，遵时制也。"

秦宅坐落在慈城解放路西侧新弄（太平天国公馆旧址）内。此建筑系清代建筑，1860—1862年太平军将领范汝增、黄呈忠曾以此作公馆。民国初由上海商业巨子秦子敬购得此宅后加以修葺。20世纪50年代后曾作慈城供销社仓库，今作民居。总面积为980余平方米，主体木结构建

秦润卿的抹云楼

筑,分前后两进,台门朝南,前进为二合院,均为楼屋。正楼两弄两厢楼,后天井狭而长,后厅为五开间,进深两间,明间为抬梁式。台门三开间,砖雕门楼,门外天盘石下,左右各有石质雀替,透雕龙、凤、麒麟,上层用泥灰作出线脚,中间宽,左右设五个框子,自西而东,框内砖雕内容为:第一图,一人穿官服端坐,寓意"天官赐福";第二图,二人和一梅花鹿,寓意"高官厚禄";第三图,一人和一立鹤,寓意"延年益寿";第四图,人物男女各一,寓意"和合如意";第五图,四个人物,自左至右为持芭蕉扇之侍女、着官服者主人、着盔甲者卫士及布衣跪伏者纳贡。门楼朝北一面,上部亦为五框,正中为篆文"天水长流"的题额,下端左右方为二垂莲柱,雕饰双金钱纹和如意,左为"太平天国",右为"正德通宝"。具有清代建筑的艺术风格及历史意义,1986年被公布为江北区文保单位。

　　金融巨子秦润卿故居位于慈城孔庙前学弄。秦润卿(1877—1966),名祖泽,晚号抹云老人,他是中国近代著名金融家,钱业领袖。他早年入慈溪名儒何幼鹿书塾求学。15岁由表叔林韶斋介绍,赴上海协源(后改名为豫源、福源)钱庄学业,拜沈子烁先生为师,三年后出师,不久升任跑街、信房。1907年任上海豫源钱庄经理,后又兼任福康、顺康钱庄督理。

秦润卿　　　　　　　明秦氏父子进士坊

1917年，上海钱业公会成立时担任副会长，1920年后任会长达15年，是上海钱业界无与伦比的领袖。其间参与创建钱业市场、现金公库和银钱业联合准备库。1921年起相继创办《钱业月报》、修能学社和钱业中小学。1920年8月任上海总商会副会长。1924年7月任江苏省兼上海市财政委员会委员。1927年3月参与发起成立上海商业联合会，次月任财政部会债委员会委员，多次代表钱业认销国民政府库券。1928年兼任交通银行上海分行经理、中央银行监事。1929年与同乡王伯元等接办天津垦业银行，并将其迁往上海，任董事，并兼任上海华人纳税会董事，宁波旅沪同乡会副会长等职。1935年在嘉定参与创办嘉丰纺织整染厂，任董事（后任董事长），同年被委任为全国钱业监理委员。在20世纪30年代前期，他还兼任中国亚浦耳电器公司、大有余榨油厂董事长，上海市银行、交通银行、辛泰银行、天一保险公司、太平水火保险公司、大丰庆记纺织公司董事，上海钱业联合准备库常务委员会主席等职。抗战期间，辞去各种社会职务隐居。抗战胜利后，任福源钱庄董事长、上海钱业公会理事。1947年10月，被推举为全国钱业同业公会联合会主席。新中国成立后，他引导福源、福康、顺康、鸿祥4家钱庄参加公私合营。1952年上海市公私合营银行成立后,任副董事长,并任上海市政协委员。秦先生热心公益慈善事业,无论是家乡的教育、卫生事业,还是修路、造桥、平粜、救灾、治安诸事,无不积极倡导或热心参与,却不求闻达。他曾参与创办慈溪普迪小学、慈湖中学、宁波效实中学,曾担任慈溪云华堂、体仁堂、保黎医院、宁波佛教孤儿院、四明孤儿院等多家慈善机构的董事、董事长。

(十三)慈城周氏

周氏是慈城世族,南宋时从宁波月湖迁往慈城,分居在大西门、德星桥、鼎新路、费家桥、夹田桥下大小周家、半浦、周家庄等地。周氏是慈溪科举世家,中进士13人,中举人36人。有明御史周叔迈、知府周翔、布政周津、参议周旋、主事周镐,清副使周曾发、编修周晋麒,宁波帮早期领袖周晋镳,当代京剧大师周信芳。

沪商领袖周晋镳故居原位于慈城鼎新街周御史房。周晋镳(1847—1926),字金箴,著名京剧表演艺术家周信芳从祖。他四任上海总商会总理,首任中华全国商会联合会会长,是宁波帮举足轻重的人物。他弃仕从商前,曾任江西广昌县知县、南昌县知县。1887年弃仕去上海创业,先与同乡严信厚创办宁波通久源轧花厂。1890年投资并参与创办上海华新纺织新局,任协理并董事会负责人,同年还投资上海中法药房。1896年前后又弃商从仕,任江西清江县知县,周信芳幼年曾随父旅居清江县任所。20世纪初,他又弃仕从商,再一次来到上海,先投资轮船投商局,并任董事。1905年参与创办上海华兴保险公司,1908年参与创办四明商业银行,是首届董事会总董,1902年上海商业会议公所成立时被委为副总理兼坐办,1907年后又连任四届上海总商会总理,是任上海总商会总理年份最长的人,1909年参与筹办南洋劝业会,1912年任中华银行董事,1913年任第一届中华全国商业联合会会长,1915年参与创办上海元丰面粉厂,同年任上海道尹。

周仰山房位于慈城观音堂西百米,是一坐北朝南砖木结构的中西合璧式洋楼,建成于1929年。周仰山,民国实业家,曾在上海、苏州、宁波经

周仰山房

营电力公司,是上海总商会执委会会员。周仰山房总占地面积约8000平方米,建筑面积约2200平方米。三合院式,前厅五间二弄,面阔27.6米,进深14米,前厅、东西厢楼上下前廊与二门门廊天桥形成四周环通,前柱采用混凝土磨光方形柱,上下前廊均采用水泥花式地面。后进五间二弄,东西两侧连接三间一弄,共有八间三弄,通面阔42米,进深8.2米,前后进为一狭长天井,连接前后两弄设有两座过天井的楼道。整组建筑还有朝东大门、配房以及前后花园。该宅20世纪70年代作宁波市委党校址,后一直为宁波市工人疗养院所用,建筑及环境保护较好。

周信芳故居位于慈城鼎新桥下秧田弄口,即周氏支祠全恩堂,因原为周信芳故居的屋基,故称周信芳故居,是周信芳于1925年出资5000元建造而成的。周信芳,艺名麒麟童,是当代杰出的京剧表演艺术家。他祖辈世居慈城,是书香门第。其父周慰堂,少而好京剧,因家道中落,下海在春仙班当二路旦。旧社会以倡优为贱业,周父被周氏族长逐出宗祠,当周信芳在沪成名,周慰堂嘱其另起造自家支系祠堂,即全恩堂。原前有台门,中间为堂,后有楼房及左右厢房。现仅存主体建筑大堂及后天井,台门、楼房、左右厢房均被拆除。堂内有一块镌有《重建全恩堂记》的石碑,民

周信芳

周信芳故居

国十四年(1925)立,撰文者为族人周毓邠。碑高1.94米,阔0.81米,642字。另一块禁条碑也是民国十四年立,碑高0.41米,阔0.81米,132字。此祠现为宁波市重点文物保护单位。

（十四）慈城胡氏

慈城胡氏的始迁祖为吴越侍郎胡毅,他与刘昶谏钱王不要纳土归宋,钱王不听,献吴越版图于宋太宗,二人得知后遂弃官遁去,隐居于慈城东遐追山。后钱王悔之思毅、昶之贤,遣侍臣鲍昭致之,欲图谋恢复。胡、刘二公知年事已高,坚守气节,不想出山,最后于此地终老。胡毅去世后葬于慈城西北五里朱春岙与五湖村之间的孔家岭,后人仰其德者,立庙纪念。而胡毅之后裔如草木欣荣,浩然成慈溪县一大族。宋后分成三大支,其一位于大西门外二里,宋元祖地胡家桥（明清时称十都二图,地名胡坑桥,今称上胡坑基、下胡坑基村）。其二是城内县前支,其三是县城东北华家巷一带。出现过多位历史名人,如宋武进士胡光,其子武状元胡应时,文进士胡从义、胡机;明万历进士胡亮工;清顺治进士、西安府推官胡应期,康熙举人、临川令胡亦堂,道光进士、刑部郎中胡江,清末有举人、书法

原骢马桥下胡家大门内景（张国良摄）　　　　　　　姜宸英

家、名中医胡炳藻,辛亥革命功臣胡良箴。

（十五）慈城姜氏

旧称东镇桥姜氏,元时从慈城东乡迁往慈城姜家岙,再迁至东镇桥与尚志桥,另分居观音堂西面、探花第、姜颜、姜湖等地。姜氏中进士4人,中举人10人。有明参议姜国华、太仆寺少卿姜应麟、御史姜思睿,清探花、文学家、书法家姜宸英等。

清初被誉为"江南三布衣"之一的姜宸英,故居姜探花第在慈城观音堂东,至民国时有姜氏后裔多人居住。姜宸英祠在慈城大东门德润书院内,清道光年间慈溪文人捐资建造。据清雍正《浙江通志》卷一百八十:"姜宸英,字西溟。太常卿应麟曾孙。工制艺,兼善诗古文。康熙戊午(1678),有修《明史》之命,相国徐元文以宸英有史才,荐入馆,遂奉特恩授文林郎,食七品俸。己巳(1689),徐司寇乾学即家纂修《一统志》,设局于洞庭东山,疏请宸英与黄虞稷偕行。寻中顺天乡试,丁丑(1697),廷试一甲第三,授编修,时年已七十矣。宸英读书以经为根本,于注疏穷其精蕴,自二十一史及百家诸子之说,俱经批阅。为文必先立意而后下笔,略无凝滞。书法

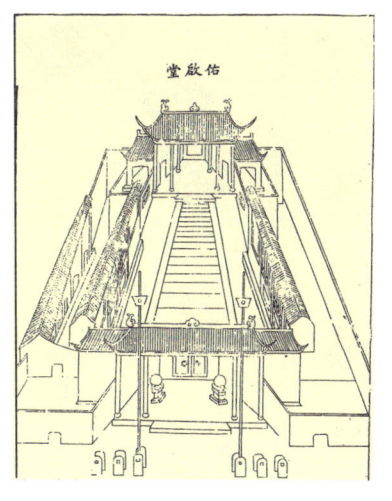
半浦佑启堂郑氏宗祠图

半浦复训堂郑氏安仁庙

钟、王,于唐宋诸家亦靡不临写,晚尤加意章草及篆隶。人得片纸,藏弆以为宝。著《明史·刑法志》三卷,《列传》四卷,《土司传》二卷,《一统志·总论·江防海防》共六卷,留馆中。别有《湛园未定稿》十卷、《韦间诗集》八卷行世。"

(十六)半浦郑氏和孙氏

宋末元初慈城南十里姚江畔半浦,也称灌浦、鹳浦、寒村、安仁里,先后从福建、河南迁来两支郑氏,他们同姓不同族,却世代隔河而居。福建郑氏也称灌东郑氏,宗祠为佑启堂。宋理宗朝从福建迁来,始迁祖为嘉定元年(1208)状元郑性之,因居东面张江浦、矮笆等地,故称灌东郑氏,此支元明时以耕读自娱,人丁不旺,少有显杰,而清开始四处经商,族遂凸显。而后读书科举,人才辈出。有道光二年(1822)举人郑芬,官杭州府训导;道光十一年(1831)举人郑一夔,芬从弟,官丽水教谕,曾捐资费三万金建慈溪县校士馆;光绪五年(1879)举人郑世璜,官江西宜黄县知县,后受清廷使派去印度、锡兰考察,为中国茶业出国考察第一人;还有民国第一批法学研究生、著名律师郑保华等。河南郑氏也称半浦复训堂

孙衡甫故居

20世纪20年代孙衡甫创办的半浦小学

郑氏,为文化世家、藏书世家、官宦世家,宗祠为复训堂。其远祖从河南迁至嵊州,宋末元初从嵊州迁来半浦。始迁祖是义不出仕的郑毓,自号安仁居士,训诫子孙积德。此支郑氏科举发达,人丁兴旺,家族富裕。明、清两朝曾中进士7人、举人21人、贡生30人,并有明成化乙未进士,历任湖南长沙、广东高州知府的郑重;明嘉靖乙卯科解元、丙辰进士郑卿;清康熙年间的翰林、庶吉士、高州知府、文学家郑梁,雍正年间的浙东名士,建有二老阁的藏书家郑性等。

　　半浦孙衡甫故居位于半浦村,20世纪80年代曾做过半浦乡政府办公之地。孙衡甫(1875—1944),又名遵法,全国著名银行家。清光绪年间在上海久源钱庄任职,后在信裕、恒隆、恒来、益昌等钱庄拥有股份。1907年在上海参与创办泰来面粉厂,为大股东。1908年投资四明银行。1910年任浙江银行上海分行营业主任,后升任经理。辛亥革命时,上海四明银行发生挤兑,该行董事会急请孙垫款接办,孙由此任经理。上任后,他整顿组织,开办四明储蓄会,扩大业务,使该行迅速发展,存款最多时达4000万元,使该行成为二十世纪二三十年代全国著名的商办银行之一,成为新式银行业的典范。1931年起他任四明银行董事长兼总经理,并兼

方家砖雕台门

任四明保险公司董事长。广泛投资上海浙江银行、统原银行、明华银行、苏州信孚银行、苏州电气厂、宁波永耀电力公司、穿山轮船公司、上海童涵春国药号、镇江胎成新记面粉公司、长江煤矿公司、上海宁益银团等的股东、董事、董事长或总经理,还大量进行房地产投资,建造里弄房屋1200幢,是20世纪30年代上海大富豪之一。孙衡甫是个热心公益的慈善家,为宁波建造灵桥捐资五万大洋,是捐资最多的两人之一。在家乡慈城捐资建造半浦小学,修建慈城至半浦道路,深得乡人的称赞。

(十七)慈城方氏

方氏在南宋时迁往慈城,分居在大方桥、中山路、方家弄、玉皇阁弄、方家山头等地。慈溪方氏中进士5人,中举人8人。有宋状元方山京,清守备方鼎新。

方状元第,据雍正《浙江通志》载:"县治东大方桥,宋景定三年(1262)进士及第方山京所居。"即今慈城太湖路24号民宅,是原方山京状元第旧址,而宋元以来世代为方氏后裔所居住。此宅现存规模较大,为清乾隆前后所建的古建筑群,中轴线上的主体建筑主要由前楼、后楼及砖雕二门

方家台门木雕

方家台门石柱

组成,两旁还有偏屋数十间,总占地面积4000余平方米。临太湖路一侧的原朝东主大门已毁,朝东两大门却保存完好,大门硬山式梁架结构,两侧磨砖墙。前后楼坐北朝南,各五间两弄,面阔26.5米,进深12.2米,硬山式五马头墙,穿斗、抬梁混合式梁架结构,设月梁前廊。穿过前楼过天井,迎面有一座制作精美的高大砖雕门楼,门楼面宽4米,高6.4米,正面采用磨砖墙式,上有"迎薰受祜"篆书砖刻门额及"辛亥(1791)岁十一月,以斋冯全修(乾隆六十年乙卯科进士)题"。门楼斗拱飞檐,背面有砖雕草龙、花卉、蝙蝠云纹、垂幔等精美装饰。

方家砖雕台门位于慈城方家弄张家园6号清嘉庆举人方钦华的故居,现为浙江省重点文物保护单位。此砖雕台门原为方家大屋的二门,头门已毁,现宅旁存有带月洞门的花园。砖雕台门里为正楼,两厢房前部天井,用隔墙分割为三处庭院,幽雅清静。堂置七柱十檩,有中柱、童柱鹰嘴式,除明间外,楼顶有船篷式天花板,前有丰富的雕刻。在堂两侧之封檐墙上也有细致之人物、楼阁等砖雕,檐柱石柱础刻花。方家台门是砖雕牌楼式,气势宏大,上置筒瓦滴水,方形飞檐椽,阴面雕刻精美,上端斗拱,平身科六攒,边上各半攒一斗六升出翘,上为象鼻假昂,夔龙式拱翼,更上为方头状耍头,与几何纹外拽瓜拱相交,拱眼刻花,下分三层,上层首先是一行卷草几何纹带,不分三段,上为一带卷草几何纹,左童子寿翁,右童子仙姑,更右八人,室内为两家人跟一老翁,门口二人报喜,前为一骑马新官,后跟持华盖之侍从,更右,一娘娘下车,旁二宫女,一太监,室内为皇帝。二太监一官。其下为一排栏板望柱。中间雕绘官宦九人,左之博士架上置花瓶,花瓶内插带流苏之如意,右之博古架上置带"福禄寿"三字的瓶,瓶内插带流苏之如意,旁为卷轴。中层以白鹤云彩为边饰的匾额上楷书上款"人孝出第,道光己丑秋月谷旦",落款"董国华书"。下层排几何纹带,下分三段,左右皆大凤凰,中间九人,三翁鉴赏一幅有太极图之画卷,旁之二侍者,左右各一主一仆,配以仙鹤、牡丹。阳面雕刻较简,中为一块镶有牡丹葵花纹花边之匾额,上款书"韫玉环珠,道光己丑秋月谷旦",下款书"施丙全书",并配有卷草纹带。这是清道光前期一处典型的住宅建筑。

(十八)慈城林氏

北宋时林氏从福建迁居慈城,相传是慕当时慈溪的慈孝之风而来,初居慈湖北岸董溪之上,过了几代,移居城内平政桥东(今井弄周边),另分居于林家巷、三民路东头、德星桥下等地。林氏出过进士6人,举人9人。

南宋时,慈城出了个驸马名叫林埜,是理宗皇帝赵昀的女婿。林埜成为驸马之后,其母厌平政桥喧闹嚣杂,故于浮鳖山之西、大宝山之东筑基构室,新造寓所别墅。因此,现在的小西门一带从顾家巷到中华路,民主路到环城西路,宋元之际全为林家所有。在慈城顾家巷(旧称林家巷),今尚存一处建筑规模较大的建筑,坊间相传此为南宋林驸马第原物,但专家考证为明代早期建筑,现为江北区文物保护单位。此建筑坐北朝南,七间两弄,明代楼屋为原整体建筑之后进,通面阔32米,小青瓦硬山式,穿斗与抬梁混合式梁架,月梁为扁作梁(明代特征)。中柱上端脊檩处和前柱上端设斗拱,方形柱,櫍式石柱墩,中厅楼板桁条按柱设置,间距非常大,因而楼板特别厚实,达3.5厘米,部分已严重糟朽,显现年代的久远。建筑的另一显著特色是所有隔墙的基础侧石统为扁砖拼砌而成,这在其他

赵氏冬官坊　　　　　　　　赵文华江山绘秀坊

古建筑中极少见。墙体为磨光龙骨砖砌成，建筑上层月梁部隔墙用竹筋黄泥制作，檐下阶条石用材巨大，最大条石长达 5 米，宽 1 米，厚约 30 厘米。另存二门半座，位于中厅正前方，原大厅之后。据考，原二门为下石上木牌楼式建筑，现存石质门框，面阔 3.8 米，残高 3 米，造型简朴，具有明代风格。从原有的建筑规模和形制考证，应为明代官宦宅第。

（十九）慈城赵氏

赵氏是慈城望族，南宋时宋太祖十世孙赵与筹因崇拜杨简心学，从外地迁居慈城，并创建慈湖书院。赵氏分居于慈城郑家桥、水门下、顾家巷、赵家洋、赵界等地。赵家宗祠明嘉靖时在大宝山，明末迁徙至城南朝北门头水门下，堂号世敬。赵氏中进士 11 人，中举人 13 人。历史名人有元代理学家赵偕，明代医学家赵继宗、主事赵崬、工部尚书赵文华、佥事赵珽，清代钱庄业巨子赵立诚。

赵文华尚书第，俗称狮子门头，位于慈城骢马桥下郑家桥南，即南门与郑家桥中间。赵氏三世进士，其宅本广东佥事继宗所建，赵文华乃其从孙。据耆老相传，尚书家有楠木厅，清咸丰间烧了七天七夜才烧毁。赵文华认权相严嵩为父,官至工部尚书,后以骄横失宠,革职病死。明天启《慈溪县志》)卷七有他的传:"赵文华,字原实。幼颖异为,举业时出古格,不作世俗语。第嘉靖己丑(1529)进士,为兵部主事。力追古作,蔚然成章。然性素豪宕,不拘小节。谪东平州州同,已而复起,为南京稽勋主事,改刑部主事,历升通政司使、工部侍郎。时东南倭寇绎骚,奉命督察有功,进太子太保、工部尚书。会内逆徐海又召夷为患,再上疏请计。率先戎行,卒破贼。建慈邑城,功隆保障。加少保。已而以疾乞骸,遂卒。其孙昌期,第庚戌(1610)进士,官南京兵部主事。"赵文华著有《三史文类》五卷,《世敬堂集》四卷,《嘉兴府图记》二十卷,《家藏集》八卷,《祇役纪略》八卷,以及《防海策》等。

(二十)慈城袁氏

明初袁氏从乡下迁往城内,分居在下横街袁府大门、袁家巷、袁家弄大屋等地。袁氏是慈溪县世族,城外分居于南乡袁马、西乡祝家渡、夹田桥袁家等地。

袁府也称袁炜阁老第,位于慈城下横街。袁炜(1507—1565),字懋中,号元峰。明嘉靖十七年(1538)会试第一(会元),殿试第三(探花)。袁炜10岁时,县令在慈城清道观审案,袁炜随其父在旁观看。县令见其人虽小而神情专注,气宇不凡,就有心试试他的才学,出了一句上联:"三清殿上飞双鹤。"袁炜应声而答:"五色云中驾六龙。"县令大喜称赞,学正却不以为然,认为不过借用了林洪宫词罢了。于是县令又出一联:"投子四方开六面。"袁炜立刻又对出:"丈夫一德贯三才。"学正大惊,叹为神童。此联也以神童对著名于联坛。他17岁补县学生,在县学求学,嘉靖十六年(1537)参加乡试,获第二名。嘉靖十七年夺得会试第一名。廷试时,内阁拟陆师道为状元,世宗御笔改陆师道为二甲第五名,改袁炜为第一。文华殿得读时,又因袁炜直言边事,改为第三,称探花。当时邑人为他骄傲,在县治前大街建有会元及第坊,县学前建有太子宾客坊。袁炜官至建极殿大学士,少傅兼太子太傅,官一品,是慈溪宋代以来唯一的宰辅。袁炜告老还乡时在慈湖北阚峰西麓建造别业——阚湖书院,又称元峰书院,致力于培养家乡后进青年。他谢世后,邑人将书院改名为阚湖书院,并把书院之北山,即阚峰延伸至西面的小山改名为袁峰,改阚湖书院为祭袁炜祠——袁少师祠,每岁于春秋仲月上戊日致祭。清光绪时祠圮,改祭于慈城下横街袁府门头。明苏州文人王稚登曾专程赴袁少师祠哭祭,并撰《谒袁文荣祠》诗:"云中烟火映荒祠,遗像萧条入拜疑。马策叩门唯有泪,雀罗张户不胜悲。山光夜暗围棋墅,海色寒埋挂剑枝。千载何人能下士,断肠空忆郑当时。"袁炜后裔袁宗泗曾作《故少师祠》诗:"丞相祠堂草不锄,可怜三径日荒芜。百年世事真棋局,一览江山总画图。石去平泉谁是主,鹤归华表自相呼。空庭独立频惆怅,几片风花落满湖。"

(二十一)慈城颜氏

南宋颜氏从外地迁入,原居东乡,明中期迁居慈城南城,今自新路颜御史房,占地面积上万平方米,为慈城颜氏的大本营。

颜御史房,旧称颜太仆宅,也称柱史文宗第,位于慈城光华路东南角,为明少卿颜鲸所居。此宅原规模较大,宅中间建有家祠,四百年来一直为颜氏所居,今尚存部分老建筑。据清道光《四明谈助》卷四十五载:"颜鲸,字应雷。儿时受书,即慨慕圣贤之学。中嘉靖三十五年(1556)进士,授行人,擢御史。出视仓场。奸人马汉,怙定国公势,贷子钱漕,卒偿不时,则没入其粮。鲸立论杀之。四十一年(1562)畿辅山东西、河南北大稔。鲸请:'州县赃罚银毋输京师,尽易粟备赈,且发内府新钱为籴本。'帝悉报可。明年,出按河南。伊王典楧怙恶,久结掖廷中官,严嵩父子内外应援,鲸欲除之。时嵩已败,鲸奏记徐阶说诸珰,绝其援。乃会巡抚胡尧臣,劾典楧抗旨、矫诏、僭拟、淫虐十大罪。帝震怒,废王为庶人,两河人鼓舞相庆。景王之国,越界夺民产为庄田;魏国公亦占产树碑,假名钦赐。鲸擒景藩用事者五人伏法;仆魏国公碑,戍其人。改督畿辅学政。以劾都督朱希孝乱法,帝怒,责鲸诋诬勋臣,贬安仁典史。万历(1573—1620)中,以湖广副使致仕。刘宗周谓其有见于万物皆备之体,故所至树

明大学士袁炜　　　　　　　　中国科学院院士颜鸣皋

立磊落如此。"

　　颜鸣皋故居位于慈城日新路许家弄向御史房,此房是颜鸣皋祖上从向氏手中买来的。颜鸣皋(1920—2014),1991年当选为中国科学院院士。他是我国材料科学的先驱,著名材料科学家、金属物理学家、一代宗师、中国航空钛合金创始人,中国科学院资深院士,《航空材料学报》主编,国际材料力学行为理事会名誉主席。1920年出生于父亲铁路工作所在的河北定兴,1926年回到故乡慈城中城小学求学,两年后随家转学去武汉完成小学和中学学业,并以优异的成绩考入重庆中央大学机械工程系。不久留学美国,1949年7月获得耶鲁大学的工学博士学位。2003年,正当故乡慈城镇被列为"千年古县城"之际,颜鸣皋却和在世的直系亲属共同商议决定,将在慈城占地400多平方米的祖居,上交给慈城人民政府管理使用。2007年初,这座老宅被命名为"慈城院士陈列馆",里面陈列有谈家桢、颜鸣皋等多名院士的生平和先进事迹介绍。

慈城院士陈列馆启用

（二十二）慈城俞氏

俞氏自元初从外地迁往慈城，先居浮碧山东麓，后分居城内各处，其中以小东门倒墙缺俞家最为著名。明清中进士2人，中举人10人。有明三海关总兵俞茂才，清温州游击俞兆翀，清贡生、藏书家俞挺芝等。

倒墙缺俞家坐落在慈城小东门，前临太阳殿路，西至太湖路，北至完节坊，是由多座院落组成的建筑群，现为宁波市重点文物保护单位。主体建筑为前厅、后楼、东西两厢房以及后厅，绣楼前有大门，左右还散布着大大小小的屋、天井，总占地面积10000多平方米，房屋100多间，合十多亩地，其规模为江北区古建筑的首位。1566年明嘉靖间湖广布政使冯叔吉所建，清初冯氏后裔卖给俞姓，康熙时俞氏经过修理，并在大门外河对面建造仓屋、船埠。俞氏置有很多农田，租谷甚多，慈城人有"冯家屋""俞家谷"之称。大门内左侧有一硬山式之高平屋，门开在南北两端之东侧；梁杂架呈东西向，三开间，进深三间，明间施五架梁与三架梁，脊瓜柱与承托，三架梁的两童柱下端皆呈舌形。主体建筑面阔六间，进深两间，有中柱，用先后两双步，有飞檐。前厅面阔十三间，进深六间，面阔39.9米，通进深12米，有中、东、西三厅相连，中厅为五开间，梢间较窄，明间梁架用

俞宅的一个厅堂　　　　　　　　　　　　俞宅后进

五架梁,前后两端支于前后全柱上,其余檩间都有纹饰。东西厅面阔各四间,梢间安装楼梯,整个前厅,凡柱头作出圆斗的,皆用数根藤条加固。后楼重檐,梁架用中柱,前后又加两单步梁,明间以外,皆以薄板作出船篷顶。前厅、后楼、两厢风格基本一致,厢房有大部分瓦当可能是原来之物,其纹为上端数条平行之锯齿状,弧线下为一对桃子。这是慈城一处占地面积最大的清代前期建筑。

(二十三)慈城应氏

应氏元时陆续从外地迁入,分居于杨家巷、慈溪巷、福字门头、骢马桥下、城外应家弄、应家河塘、夹田桥应家等地。应氏中进士4人,中举人12人。有明代江西右布政应朝玉,福建监察御史应喜臣,清顺治进士应纯仁,康熙进士应宗文,清末上海机械工业的先驱应渭渔,台湾实业家应昌期等。

杨家巷应宅是清乾隆早期砖雕艺术的代表建筑,它保持了宁波砖雕艺术的珍贵实物资料,对研究宁波地方清代建筑具有重要意义。应宅坐落在慈城镇杨家巷15号,是江北区重点文物保护单位。据应氏后裔讲述,应氏原籍为东乡费家市应家村,元时先祖迁往县城慈城杨家巷(今应宅基址及周边),明代时,部分从杨家巷迁往慈溪巷(后称慈溪巷应家)及花屿湖东面的应家弄。杨家巷应宅建于乾隆甲子年(1744),原为五进,规模宏大,太平军进慈城时被焚毁大部分。今仅存照壁、门楼及前进东厅。砖雕照壁三开间,高4米,宽7米,雕刻精细,内容为双龙抢珠、喜鹊、牡丹、凤凰、麒麟、"卍"字、"寿"字等花纹。东厅天花板漆有缠枝花卉,久不褪色。

应昌期故居位于慈城玉皇阁桂花厅,原为慈城望族刘氏祖居一部分。应昌期(1917—1997),父应星耀,曾任慈溪县中城小学校长40余年。应昌期早年就读于中城小学及慈湖商校。1932年进上海统原银行当练习生,工作之余自修英语、会计等科。1938年考入福建省银行任会计主任,继升该行衡阳分行经理。1946年随严家淦到台湾,接收银行。严任台湾银行董事长,应任业务部主任,旋升副总经理、代总经理。20世纪60年代初,先后参与创办华夏塑胶公司、利华羊毛公司(任董事长)、国泰化工公司、益华食品公司、国华海洋企业公司、国际票券金融公司(任董事长)及美国印科电子公司等,成绩斐然,被台湾企业家奉为楷模。他一生爱好围棋,1981年捐资1亿元新台币创立"应昌期围棋教育基金"。他还创立"计点制"围棋规则,组织各项比赛。他热心公益事业,1947年参与发起成立宁波旅台同乡会。1989年后捐资重建中城小学、慈湖中学、慈城保黎医院等多项社会公益项目。1992年开始,曾先后投资1亿美元在宁波设立现代建筑材料公司、利华(宁波)工业公司、应氏棋具有限公司等多家企业,为宁波市荣誉市民。

(二十四)慈城谈氏

谈氏约在清乾隆年间从外地迁入,祖传铜匠手艺在慈城城乡闻名。晚清时谈家桢父亲谈振镛先生任慈溪县首任邮政局局长,谈家桢母亲出身书香门第,为明万历状元杨守勤的后裔。

谈家桢故居位于慈城大街糖坊弄。谈家桢(1909—2008),1980年当选为中国科学院院士,被誉为中国遗传学之父。出生于慈城大街糖坊弄,

应昌期夫妇在天一阁查阅家谱　　　　　　　　应昌期捐资重建的慈城中城小学

曾就读于家乡教会办的道本学堂,后分别就读于宁波斐迪学堂、湖州东吴三中、苏州东吴大学、美国加州理工学院,师从现代遗传学先驱摩尔根教授,获博士学位。回国后先后任浙江大学教授、复旦大学副校长、中国遗传学会会长、《遗传学报》主编、第15—17届国际遗传学会副会长、第18届国际遗传学大会会长,美国、意大利国家科学院外籍院士,第三世界科学院院士和纽约科学院荣誉终身院士。因在遗传学领域有独特发现以及为锻造"我们自己的遗传学"所作出的巨大贡献,获"杰出科学家奖",并被誉为"中国的摩尔根""生命科学的领头羊",国际天文组织则将一颗编号为3542的小行星命名为"谈家桢星"。

(二十五)慈城朱氏

朱氏清初以来从东乡更楼、南乡朱界、西乡朱家山头陆续迁往城里。城里朱氏主要分居在朱家道地、德星桥下。

朱祖祥故居位于慈城德星桥下杨家弄。朱祖祥(1916—1996),1980年当选为中国科学院院士。他是我国著名的土壤学家和农业教育家,是浙江省科协的创始人之一,曾任浙江农业大学校长,中国水稻研究所第一

谈家桢

1984年访问故乡的朱祖祥院士

任所长、中国土壤学会副会长、省科协名誉主席等。他是九三学社浙江省委主委、名誉主委，九三学社中央委员会常委，为九三学社的参政议政和地方组织建设，团结广大知识分子和爱国人士，做了大量卓有成效的工作。还担任过第八届全国人大代表，第五、六届全国政协委员等职务。曾先后在慈湖高等小学堂（今慈湖中学）、效实中学求学。1938年毕业于浙江大学农学院农化系，1948年获美国密歇根州立大学博士学位。1952年起，历任浙江农业大学教授，土壤农化系主任、副校长、校长、名誉校长，为浙江农业大学的改革和发展作出了重大贡献。并先后编写出全国最早的《土壤学》《土壤化学》和《土壤物理学》教材，其中《土壤学》教材，被广泛采用，1988年获全国高等学校优秀教材奖。还担任过国务院学位委员会评委、《中国大百科全书·农业卷》总编委委员、《中国农业百科全书·土壤卷》主编。他对家乡、母校有很深的感情，1994年10月回乡参加应氏家族捐资重建慈湖中学落成典礼，并任慈湖中学首届校友会的名誉会长。

（二十六）慈城何氏

何氏宋末明初分别从外地陆续迁居慈城，分居于彭山下、金家井巷、德星桥下、何家弄、陶家弄等地。

何育杰（1882—1939），字吟苡，慈城东街钱家弄人，其故居被邻里称为洋翰林第。他是中国近代物理学的首批拓荒者之一，为我国近代物理学的产生和发展作出重大贡献。著名物理学家严济慈教授在20世纪30年代写的《近数年来国内之物理学研究》一文中，称颂何育杰是我国最早而最好的物理大师。何育杰自幼聪慧好学，其姻亲陈布雷曾回忆道："君（何育杰）生而端颖，嗜学成性，十一岁丧父，弥自奋励，尝于食间操箸若觚，就案点画，如作书然，寝馈之深，有如是者。"何育杰通过自身的努力，古诗文学得相当好，15岁时就考中秀才。次年他进入宁波中西储才学堂（今宁波中学前身）求学，1900年（光绪二十六年）中举，1902年考入京师大学堂。在师范馆格致科学习期间，不仅刻苦学习自然科学知识和外文，还积极参加了1903年的拒俄运动，上书要求"誓保国土，坚决拒俄"。1904年他去英国留学，先在维多利亚大学，后转入曼彻斯特大学，在物理学家舒特指导下攻读物理，并有幸得到著名物理学家卢瑟福教授的指点，于1907年毕业，获曼彻斯特大学物理学硕士学位，成为我国第一位物理学硕士。1909年他学成回国，历任京师大学堂格致科教习，北京大学物理系教授兼系主任，并主编了我国第一部大学用物理学教材和教学大纲，他除了悉心讲授物理学、热力学、气体动力论等课程外，还花费不少精力撰写过《X线与原子内部结构之关系》《爱因斯坦和相对论》等介绍物理学的文章。中华民族史上第一届（1916年）大学物理学毕业生，就是他和夏元瑮先生培养的，其中有后来成为著名物理学家的丁绪宝、孙国封等。何先生的译著有《波动力学通论》《自然之机构》《物理与量子》等。他在我国高等学府执教20余年，在当时中国近代物理学这块贫瘠的土地上，辛勤开垦播种，终于迎来了桃李芬芳。辛亥革命时期，何育杰曾回甬发起组织效实学会，参与效实学校的创办工作，在效实给学生教授过物理、数学、英语等课程，奠定了效实"重科学、重实学"的校风。该校高年级学生

西侧门内即是何育杰故居

共9人,尚未毕业就于1913年7月赴京参加大学考试,结果竟有5人被北京大学等校录取,使效实学校在社会上赢得了声誉。他还热心公益事业,曾为家乡的保黎医院发展医疗事业捐过款。后历任北京师范大学讲师、东北大学物理系主任兼教授,《物理学报》编委等职。1939年1月19日,何育杰教授在重庆病逝。为了纪念这位卓越的中国物理学家、教育家,表彰他在开辟中国物理学,培养人才方面的重大贡献,1940年,中国科学社特设立"何育杰教授物理学纪念奖金",这是我国有史以来第一个专为物理学设立的奖金。

(二十七)慈城魏氏

魏氏清初从西乡魏家桥迁往慈城,分居于九曲弄、小关圣殿、永明路等地。慈城魏氏的名人,清末有北大教授魏友枋、举人魏陔香、名医魏长春、书法家魏友棐等。

魏长春故居位于慈城观音堂西侧大屋。魏长春(1898—1987),字文耀,为全国著名中医,曾任中华全国中医学会浙江省分会顾问,浙江省中医院副院长、主任医师。他初学药业,得姚精深先生启迪,自学中医,攻读

下横街何家门楼

何育杰故居后天井

经典，继又问业于名医颜芝馨，尽得其传。魏长春于1918年悬壶慈溪县城慈城，在尚志路84号宅所挂牌行医，时年21岁。1935年付梓《慈溪魏氏验案类编初集》四卷，得到施今墨、黄竹斋等全国名家好评，在慈城行医历时38年。1956年受聘去杭州，翌年初起任浙江省中医院副院长，时年60岁。"文革"前被选为省人大代表，"文革"后恢复原职，又被选为省政协常委。魏先生治学严谨，医德高尚，医术精湛。一生从事临床，救死扶伤。诊余之暇，勤于著述，历年来发表论文30余篇，已出版的《魏长春临床经验选辑》《中医实践经验录》等，是他晚年力作。其学术经验先后被辑入中国现代医学丛书之《著名中医学家的学术经验第一集》以及《现代中医名家学说》《当代名老中医临床经验荟萃》《浙江省名中医临床经验选辑》等书中。其治学门径被载入《名老中医之路（第一辑）》。治验案例早在1959年就被南京中医学院内科教研组编著的《简明中医内科学》一书作为例案选入，1983年后又被先后选入《现代名中医类案选》和《中国现代名中医医案精华》等书中。其所创订的20余个经验效方曾先后被列入《中医方剂小辞典》《名医妙方精华千首》《当代名医验方大全》等书中。其生平业绩先后被编入《中国当代名人录》《中国当代医界精英辞典》等

魏友枋　　　　　　　　魏友棐

数本辞书。

(二十八) 慈城梅氏

梅氏为宋末慈溪尉梅宽夫之后，晚清时分居于顾家巷、南门头、王桥等地。

梅调鼎故居位于慈城南门狮子门头，即明尚书赵文华宅旧址。梅调鼎（1839—1906），字友竹，号赧翁，他是清末著名的书法家、画家，开创了近代甬上清峻秀逸的书风，而且影响至今。幼好书法，早年临习钟繇、王羲之，兼涉晋唐诸家。应省试时，因恶馆阁体，执意不附俗，被取消考试资格。既绝仕进，一意砺字，大雪日常双手插雪堆，待冻僵后起而奋笔疾书，直至发汗，如此书艺大进。中年起掺入欧阳询、李北海笔法，变圆为方，笔力拗拔。耻于替达官贵人作书，后以卖字为生。晚年潜心北碑，笔势转为沉雄。与阿育王寺方丈宗亮往来甚密，常住寺中，书写匾额对联（今尚存石刻楹联三副）。其书法博采众长而独树一帜。清光绪帝老师翁同龢评其书法"三百年来无这样高逸之作"，日本书法界称其为"清朝王羲之"。当代书法大师沙孟海曾这样评价梅调鼎的书法："不但当时没有人和他

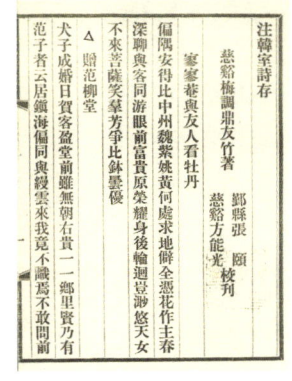

梅调鼎诗集《注韩室诗存》

梅调鼎的行书扇面

抗衡,怕清代二百六十年中也没有这样高逸的作品。"然而梅调鼎的生平并不为人们所知,遗墨多散于浙东,美国亨利尔美术馆有藏,后人辑为《赧翁集锦》等影印传世。梅之后,有钱罕、冯君木、吴泽、葛夷谷、沙孟海、凌近仁、刘惜闇、张星亮(莘亮)以及现今的沈元魁、沈元发等名家,梅派书风一脉相传。梅调鼎喜品赏佳茗,更爱紫砂茶壶。晚年出于文人爱好,与友共同在家乡慈城德星桥下林家花园创办"玉成"紫砂茶壶窑,梅公亲自设计题铭,并以"调鼎"落款,聘请宜兴名师制坯,由山农(慈城人)、东石、曼生等名家刻铸。玉成窑产品品位甚高,数量不多,均为精品。梅调鼎在秤砣形"秦权"砂壶上所题"载船春茗桃源卖,自有人家带秤来",及"月白风清良夜,心投意合主宾。九十百年容易,此情此景难频"等在其他茶壶上所提之字,不但书法精妙入神,而且壶铭短小隽永,清新可诵,妙趣横生。

(二十九)慈城凌氏

凌氏明代时从外地迁居慈城,分居于日新路、新弄、尚志路等地。清有同治举人凌鸿藻,光绪举人凌师皋,当代书画家凌近仁。

凌宅(太平天国兵营旧址):坐落在慈城日新路13号,原为清代向复章宅，后转卖给慈城书法家凌近仁父亲凌春如，故称凌宅。现存有址界石一方，文曰"嘉庆庚辰（1820）三月吉立"，故建筑年代明确。凌宅门楼朝北，门内南北向长弄，弄之西隔墙上开一正门和二边门，通向里面的三合院，由正厅和两厢楼组成。正厅朝南，七开间，有中柱。1862年9月，太平天国将领范汝增、黄呈忠率兵占领慈城时，曾据此驻兵，三合院天井青石板有部分破裂，是锻造兵器时受热所致，大厅柱上还留有试刀砍痕。这对研究太平天国在宁波的活动时有一定价值，1986年公布为江北区文保单位。

[五] 慈孝之乡

日月为昭，今古不磨。中国慈孝文化源远流长，经历了数千年的孕育、诞生和发展，作为慈孝文化重要的发祥地之一，千百年来慈城的山山水水都打上了慈孝文化的烙印。诸如标志性的地名大都以"慈"字开头：溪是慈溪，湖是慈湖，水是慈水，江是慈江，城是慈城。慈城，从唐开元二十六年（738）起至1954年为慈溪县城，慈城因慈溪县城而得名，慈溪又因汉代董孝子而命名。自从东汉的董黯、唐朝的张无择、宋朝的孙之翰等三大孝子美名远播，慈溪被世人称为"三孝乡"，而孝子又成为世代相传的道德楷模。明代状元姚涞写有"千年邑为仁人号，一脉溪流孝子心"，慈孝文化深深扎根于民间，对慈城的科举、商业、建筑等方面都产生深远的影响，"以慈为本，以孝为重"成为每个慈城人的共识，义行善举接踵不断。先人如此命名，除了为纪念董孝子外，更多的是警示并鼓励后人孝敬父母，热爱国家，慈仁为怀。

　　今天我们重拾历史，大力弘扬"慈孝"文化，以不断推进精神文明建设。

一、孝子灵魂的栖息地 —— 孝子庙（祠）

　　士有百行，孝敬父母当为先。孝道不外乎"敬爱父母，反思先祖"。既是敬本，又是睦亲，孝道是礼法和仁义的统一。

　　慈城关于慈孝的古迹比比皆是，最有名的当属董孝子庙（祠）。

　　东汉孝子董黯，字叔达，一字孝治。他是大儒董仲舒的六世孙，家住慈城慈湖北岸的谈妙涧。董黯成孝子的故事有多种传说，略说其一：董黯自幼丧父，砍柴为生，与母亲相依为命。当初，黄氏得了一种难治的病，她想喝大隐溪的水，因为大隐是她的故乡。那时董黯母子住在慈湖以北的阚山脚下，距离大隐有30多里路。董黯经常早出晚归，去大隐挑水给母亲喝，后来又干脆把母亲接到大隐溪边居住。终于黄氏的病好了，他们又返回慈城。有一天，董黯正在劳动，院子里忽然泉涌成渠，那泉水的味道丝毫不逊色于大隐溪的水。乡里人都说董黯孝感天地，董黯却说："是吾母之慈所感也。"董黯就在涌泉处挖了一口井，让母亲能天天畅饮。后人把这口井命名为董孝子井。当时董黯就将这条渠水取名"慈溪"。到了

董孝子溪上的慈溪桥

唐开元年间,县令房琯把句章县治从城山渡迁到慈城浮碧山,他望着不远处阚山脚下的那一条"慈溪",决定将"句章县"改名为"慈溪县"。

董孝子庙,最早建于东汉安帝延光三年(124),时人奉诏书命在慈湖谈妙涧边董黯故居立祠崇祀,元时迁城中徐家巷,明万历迁慈城南门。今存有唐大历十二年(777)明州刺史崔殷为慈溪县董孝子庙所撰《重修董孝子庙碑铭》。书法家徐浩书,李阳冰篆额,当时称为三绝碑,为文人所重。宋庆历间(1041—1048)名儒杜醇写下《过董孝君祠》诗。宋建炎三年(1129)县令林叔豹建祠于东山之阳,世称慈溪巷董氏故址。绍兴三十二年(1162)郡户曹董邻摄邑,遂于普济寺西建庙,前后二殿,增祀慈母贤淑夫人。庆元二年(1196)邑令朱堂增修,帅同僚友与邑之士大夫上巳重阳行三献之礼,尚书楼钥记之。嘉定十四年(1221)邑令赵崇遂嘱乡先生杨简题"纯德庙"额,复附唐孝子张无择像于座侧,邑人张处撰记,遂称董张二孝子庙。嘉熙二年(1238)里士桂壮孙、张龙应等修祠,郡人高衡孙为之序。咸淳元年(1265)邑令金昌年另建张庙于祠之东侧,又建宋孝子孙之翰庙于祠西,而庙仍为专祠。元至元二十三年(1286),庙为普济寺僧所坏,邑士告迁神像附于城隍庙。元贞元年(1295)邑主簿刘庆于县西南

原宁波城中董孝子庙

一百六十步徐家巷内复建。久而圮，延祐元年（1314）邑长乌马儿重建，奉张孙二孝子共祠之。至元五年（1339）邑士刘文鹗建后殿，以奉母夫人像。至正十三年（1353）邑主簿伯颜察儿重修祠宇。明洪武二年（1369）釐正祀典，封为董孝子之神，着令六月六日诞辰，郡守率僚属致祭。越二年，太守张琪以行县（去慈溪祭拜）不便，迁像立庙于郡治南（宁波城中始有董孝子庙），而慈溪庙革其祀。正德十四年（1519）邑令胡琼谓：孝子邑所发祥，乌可不祀？遂以儒学内文昌殿废址创为崇孝祠。嘉靖二十二年（1543）邑令陈衮广葺学宫，奉主入乡贤祠。万历四十年（1612）巡抚高举新建祠于慈城南门内，邑人杨守勤有记，岁以二月十三日致祭，讳日也。崇祯十五年（1642）后裔允茂请于巡抚董象恒，复秋季于丁后一日举行。末年允行子又嘉复建启孝祠于孝子庙右。清康熙十年（1671），裔孙尔宏请于布政司袁一相，定春秋二祭。

　　董孝子的孝行风范及人格魅力潜移默化地影响着后人，当地逐渐形成了母慈子孝的民风。旧邑志有载："邑有董孝子遗风，人知孝爱，乐循理事旧矣。"

　　除了董孝子庙，还有位于慈城西徐家巷慈孝坊内，后人以唐张孝子故

张孝子祠旧址

居改建的张孝子祠,及宋慈湖边纪念孝子孙之翰的孙孝子祠。

张孝子祠,位于慈城西徐家巷慈孝坊,元末明初张氏故居改为张孝子祠。张无择,字君选,慈城人。唐永隆初,由进士举明经,仕刺史和州。父袁州司马卒,公丁忧,于神龙元年(705)奉棺归葬慈城西30里虎胛山。张无择仕于朝则忠,居于家则孝。负土结庐,三年不栉,七日绝浆,感芝草涌泉之瑞。孝行著闻,今古称叹。服禫,辞禄,庐墓二十年以寿终。宋嘉定十四年(1221),慈溪县令赵崇袝祠于董孝子庙之东侧,元时迁至慈孝坊张氏故址,改宅为庙,明清时改庙为祠,民国二十六年(1937)地籍图中尚标有"张孝子祠",现改为民居,存大门和后殿。

孙孝子祠,宋时位于慈湖普济寺西侧。孙之翰,字文举,以仁义孝悌闻名遐迩。孙母病危垂死,百药无效,孙之翰信传闻之说,遂剖腹割下自己的一叶肝,熬糜粥喂母。其母食后如饮酒沉醉,酣睡整宿,次晨醒转霍然痊愈。乡人均谓孝感所致,传为奇闻。当时明州郡守赵伯圭,为宋赵氏宗室后,闻而惊诧。而赵太守的母亲更想见见这位大孝子,于是命慈溪县派员护送至郡邸。太守母子俩察看孙之翰腹部创痕,问当时细况,嗟叹不已,欲将其事迹上报朝廷褒奖。孙之翰谢绝道:"本心救母,不想表扬。"

慈城孔庙内《慈溪县孙孝子祠碑记》碑

赵太守为此馈赠果礼,鼓乐送归。孙之翰平生友爱兄弟,亲睦宗族,济困扶危,见义勇为,逝世于嘉泰三年(1203),享年66岁,下葬于慈城西北五磊山。今慈城孔庙内,藏有一块镌有南宋进士桂锡孙撰写的《慈溪县孙孝子祠碑记》的原碑。

汉、唐、宋慈溪出三孝子后,孝风劲刮,至明清时,孝子孝女蜂拥而至。据光绪《慈溪县志》记载,受皇帝旌表过的孝子除上3位外,还有17位。这些孝子的事迹都生动感人,人们或立牌坊表彰,或立其传于史志,事迹流传于民间。慈城甚至还产生孝子家族,如明代孝子冯象临之家,他曾祖冯世杰在遭遇倭难时弃子救母,冯象临三次冲入烈火中救父母全家,因此慈城当地百姓专门为他建造了冯孝子祠。

冯孝子祠位于慈城尚志路中段,附于统宗祠内,主要纪念孝子冯象临。冯象临,冯任之子,诸生,明时巡抚山海关,曾几次打退入侵的蒙古军队和清军。有天,位于金家井弄的家里突遇火灾,冯象临先从火焰中背出母亲,又冲入火场背出父亲,挟出弟弟,此时半身已严重烧伤。听闻妹妹还在里面,母亲哭着要亲自去救,冯象临最后一次冲入烈焰救妹妹,终因烧伤过重不幸去世。冯象临奋不顾身救家人的事迹感动了慈城百姓,知县上报朝廷,以建祠颂扬。冯象临年纪轻轻为何有如此孝心,这也许是他受曾祖冯世杰弃子救母之家风影响。明嘉靖三十五年(1556),倭寇突入慈城,仓皇间,冯世杰扶着母亲背着幼子逃命。母亲不小心掉进水里,冯世杰赶紧救母上岸,可是母亲的衣服全湿了,很重,加上受了惊吓,走不动了,于是冯世杰丢下幼子,背起母亲逃命。夜里抵达住所,不一会儿,弟弟把冯世杰丢弃的幼子给抱回来了,全家人惊喜万分。人们都说是孝感所致。冯世杰的孙子冯任后来做了大官,冯世杰和他的儿子冯云龙也因此获得追封。

慈城的慈孝文化渗透进这块土地的深处,而在清代特别深刻地影响着新崛起的慈城商帮。

天下商人,皆为利来。然而在慈孝乡风的浸润下,慈溪商人却以慈孝为本,以道义为重,把利益放后,以慈爱著称,形成助人为乐、老少无欺的商业风尚。像清道光时著名药王冯云濠,号称清代的沈万山。他经营的药号遍布全国各地重要码头,其中宁波冯万丰药号是浙东最大的药材批发商号。冯云濠一生生活简朴,但对母亲、家乡却自始至终尽一个儿子、一个游子的最大孝心。对母亲他是远近闻名的大孝子,据光绪《慈溪县志》记述:"好行善事,凡邑之浚河济荒等事不惜千金。"为家乡学子他发起并捐巨资建造新慈湖书院,为让宋元古籍传承下来专门建造浙江著名藏书楼——醉经阁,并废寝忘食地收集家乡文献。

民国之前慈溪县城及周边原有数十座慈孝牌坊,其中多座与商人有关,如竖立在慈城城南的钱孝子祠坊,为纪念广州敬修堂药号创始人钱澍田的族祖钱秉虔建造。钱孝子秉虔,原名秉乾,为避乾隆帝讳奉部文改乾为虔,字汉宗,号诚庵,监生。幼年家道中落,父亲一生为人友善,客游辽东谋生(开小药店)。雍正三年(1725)年仅14岁的秉虔便徒步去东北寻找父亲。后来父子相遇在辽东一药肆,当时父病,秉虔便以肩贩积资迎父返里。此时秉虔已是19岁了。走到今苏北宿迁地界,不幸父亲得重病,他千方百计为父治病,但百药终不能治。古人相信割股和药可以疗养,正当他祷告上苍保佑并准备割股之时,有一位老者叩门说:"你正是一个天

原慈城南门钱孝子坊（摄于 1857 年）

降的孝子，不要毁坏身子。"说完给了他一粒棕色的药丸，父亲服了之后，病就大愈了。从此，秉虔和他父亲一样做个乐善好施的人，每有告贷者，秉虔总是转贷他人，以全父志。他弟弟以及子孙都以他为榜样，全是谦和孝友之人。秉虔死后，上门哭吊者三百余人。后来当地百姓和他儿子继尹修表将他的事迹上告朝廷，乾隆皇帝敕封赐孝子称号，并将其入祀慈溪县忠孝祠，并由县拨款在慈城南门专门建造高大雄伟的孝子祠和门前四柱三开的孝子坊。

除了钱孝子坊，还有徐孝子祠。徐孝子廷相，字慎斋。清嘉庆慈溪绅士以其孝行状之有司，上报朝廷，得到嘉庆皇帝敕封赐孝子称号，并于道光六年（1826）在东乡建成徐孝子祠。徐孝子家贫业医，开办药店于宁波城东，养活全家人。为人忠厚，做事诚实。不久大疫，其父疾危，孝子焚香呼天以求自己替之，尽心护理，直至父卒。母因伤心过度，眼睛几盲。孝子出入扶持，至老不敢离左右。时人赞美他"夫孝子不必有骇俗之畸行，而足以动天地感鬼神。回父疾于危殆之余，而养衰亲至忘其所苦……"孝子以一个小商人，一个平民，一个儿子，上孝父母，下悌弟妹，在平凡之中，抒写不平凡的大孝，在当时被皇帝敕封确有现实教育意义。

以上几例与商人有关的慈孝典范，使后来众多商人从小就接受了以诚信为本，恪守信用，反对欺诈，重信取义，以诚制胜的经商理念。尽管商人不是神，也是以盈利为目的，但是他们均以道德信义为依据，以慈孝为根本。他们已经把慈孝作为经营理财的座右铭，在实践中不仅仅针对自己的亲人族人，还推而广之，对于和自己没有亲缘关系的老人和孩子，也孝敬慈爱，尽可能供养矜寡孤独废疾者，让他们都能愉快地生活。

慈城是中国慈孝文化的发祥地之一，这里慈孝沃土丰厚，散发着迷人的芬芳，闪烁着人伦道德的灿烂之光。

二、贞女畸形的苦难碑 —— 节孝祠

节孝祠是旧时封建统治阶级为旌表节孝妇女而为其设立的祠堂。慈城节孝祠是专祀受朝廷旌表的节孝妇女的一种传统祠堂，属于女祠。始创于清代雍正年间，分官立和私立两类，形制与传统祠堂基本相同，但官立的节孝祠奉祀的对象是受旌表的节妇群体，祠堂前面要立一牌坊作标志。私立节孝祠一般都附属在宗祠的旁边，专祀宗族内历代受旌表，以及虽未受旌表但已达到节孝标准的节妇。官立节孝祠前厅门与节孝坊合一而建，而私立的不一定在祠前建坊。

相传清雍正三年（1725）春日某一天，皇宫御书房的龙案上摆放着江南递送上来的奏折，年轻的雍正帝正俯身细细批阅，他在某一奏折中读到江南某府申请筹建"节孝祠"，用以表彰那些守贞守节的妇女。"江南"在清初帝王的眼中是一个特殊的区域，这片地域需要用鼓励"节孝"、标榜"文治"来掌控，这个建议与大清的国策不谋而合。因此，雍正帝很快批准了申请，并下诏："旌表节义乃彰善大典。节妇年逾四十，而计其守节已满十五年以上者应酌量旌奖。后具标名于祠中祭祀，以阐幽光而垂永久。"在各省、府、州、县各建官立节孝祠一所，祠外建节孝坊，凡节孝妇女由官府奏准旌表的都入祀其中，春秋致祭。

而古代慈溪县为礼仪之邦，尤重妇节，被称为"节孝"的女子，被载入

光绪《慈溪县志》的共有 1000 余位,第三十五、三十六、三十七、三十八厚厚四卷,全记录着节妇的事迹。另在光绪《慈溪县志》第三十九卷用整整一卷记载着 5000 多位节妇的名字。这些名录里的节妇大多数没有事迹介绍,没有名,只有姓,而且跟在她们丈夫的姓氏后面,这似乎表明她们一生的价值就在于把自己的一切完全奉献给夫家。

另一点需要说明的是,为何古代男子死了妻子还可以再娶,可以三妻四妾,而女子只能从一而终?其实在古代,法律并没有严格禁止女子再嫁,很多女子都是自己主动要求守节的,例如:慈城诸生冯嘉隆临终前对妻子陈氏提出"善事后人,毋为我自苦",就是不希望她守寡,许她再嫁的意思。而冯嘉隆去世时,陈氏才二十一岁,后守节五十年。有很多例子表明,古代妇女竭力争取的并不是改嫁的权利,而是不改嫁的权利。《明史·列女传》就记载了九位慈溪籍妇女誓死守节的故事。

除了《明史·列女传》记载的这几位节妇,还有元朝末年《琵琶记》的作者高明所写的一首《王节妇诗》,歌颂的也是慈溪县一位节妇的故事:

清清慈溪水,蘋藻被涯涘。昔年修妇职,采撷荐明祀。
殷勤执豆笾,斋肃事君子。一朝双鸳鸯,别离隔生死。
死者无还期,生者当同归。奈何姑嫜老,重以膝下儿。
升堂奉甘脆,篝灯训诗书。庶以未亡人,慰彼泉下思。
溪水彼可竭,妾身不改节。溪水有停污,妾心但明洁。
荧荧瑶台镜,玄发今已雪。孤鸾虽不舞,寒影自澄澈。
溪水常流东,余波总相从。结发为夫妇,永别何由逢。
青山有元寂,百岁须当同。愿言合欢树,化作垄上松。
茑萝更缠绵,相依无终穷。

这位被大作家赞美的王节妇,就是清清的慈溪水养育出来的一位好媳妇。可惜她的丈夫早早去世,抛下她一个人。作为妻子,她本想为丈夫殉情,无奈公婆年迈,儿子年幼,如果一死了之,一家老小怎么办?于是她

慈城孔庙内忠义孝悌祠

只能坚强地活下去。她每天起早为老人做可口的饭菜，夜灯下教孩子读书，以一个未亡人的身份撑起整个家，告慰丈夫的亡灵。即使慈溪水枯竭了，她守节的决心也不会改变；即使慈溪水被污染了，她的内心也是一尘不染。不知不觉她的满头青丝已变成白发。孤单的鸾鸟虽然不再飞翔，但水中的倒影依然那样圣洁。慈溪之水东流到海，就像每个人最后的归宿。结发夫妻生死相隔几十年，最后总会在坟墓里重逢。愿曾经见证了这对夫妻恩爱的合欢树，化作他们坟头的松柏。让茑萝藤蔓爬满粗壮的树干，就像这对恩爱夫妻生死相伴，直到永远。

慈城节孝祠，位于慈城孔庙西侧，为孔庙附属的八个祠堂之一，有祐室三间，飨堂三间，门屋三间，门外石坊一座，符合官立县级祠堂的规格。它原与"忠义"合建一祠，称忠义节孝祠，是当时宁波府下面各县中建筑规模最大的祠堂，"慈邑拱山滨海，苦行奇操，代不乏人，为宁属六邑之最。"可惜至道光初，祠堂历年遭风雨侵袭，已摇摇欲坠。此时冯骥才高伯祖冯汝霖秉祖母杨太夫人命，捐资修建专祠。据县志载："慈溪节孝祠，岁久陊剥，且库隘，祔主将无所容。邑绅冯君汝霖，秉其大母杨恭人之命，输白金三千两，改而新之。迁建忠义祠于学中隙地，与名宦祠接。斥其旧

原慈溪县节孝祠

址,祠得以广,益屋若干楹,堂基门垫之制于是乎具。几筵式廊,轮奂加美,豆籩镫帛,圭洁以虔。复以其余力并新名宦、乡贤各祠。"从那时起慈城才有了专用节孝祠,所喜至今已竖立在慈城大地二百余年,保存完好,在大殿中间的横梁上还依稀可见修建者的名字"冯汝霖"三字。

而私立的节孝祠,都是在雍正皇帝下诏数十年以后,慈城的名门望族纷纷模仿官方节孝祠,捐资修建,一般都依附在宗祠的西侧,形制与祠堂相似,但规模较小,朝向大都为坐西朝东,进出的门不大,开在宗祠大门西面小弄内,有些隐蔽,不很引人注目。

慈城冯氏西桥支在它的宗祠西侧曾建有一座节孝祠,清道光咸丰年间慈城名士秦玉曾撰写《冯氏节孝祠记》一文,把冯氏建祠经过、建祠目的、建祠规模都写得清清楚楚。文中记述道光丙申(1836)年,冯云濠修辑家谱,曾校录冯氏节孝人物,感知自明以前已遗佚不可考,只有明以后冯氏西桥支五世祖妣向太君,矢志纯一。七世祖妣潘太君,节行详见邑志,列为传,而未获请旌,此为冯氏子孙遗憾之事。逮八世而下,虽与乡学宫有人,而未入节孝祠者十之八九。冯云濠不禁慨然自叹:"吾族中多守节之妇,而不克膺有刁俎豆,独不可受子孙血食乎?"不久后,刚好冯氏迁惠

清雍正冯氏节孝坊

宗祠于应家巷幽隐经堂右,族人商议建冯氏节孝祠于其旁,奈何当时没有余资,又无空地而未果。到了壬子(1852)春,冯氏宗人以斯文会储有奇,欲回购乃祠西隅隙地,鸠工庀材造楼九间,缭以墙垣,用五个月时间才建成。大家商议于正楼上面分别排列冯氏节孝、贞妇、烈妇历代神主。

像冯氏西桥支自建的节孝祠,相传慈城其他大家族都有,如陈氏、王氏、姚氏、刘氏、钱氏等。而骢马桥下钱氏的节孝祠,据1937年慈城地籍图所标在光华路大祠堂西侧,方位、形制与冯氏节孝祠一样,只是规模比冯氏那座略小一点。

三、灵魂煎熬的十字架 —— 贞节坊

"饿死事小,失节事大",节孝坊以一种冠冕堂皇的形式,将封建礼教对广大妇女的残酷迫害包装起来,某种程度上有效地诱惑女性自我戕害,成为坊主崇尚的"荣誉"。"既要当婊子,又要立牌坊"成了对女性最恶毒的诅咒,于是亡夫丧子、断绝一切希望的女性,或含冤而死,或以血和泪煎熬一生,为家族挣得一座贞节牌坊。

金家井巷口陈氏节孝坊

旧时女人崇尚贞节，为亡夫守节，地方官奏于朝廷，奉旨敕建贞节坊旌表，而树一座流芳百世的牌坊。贞节坊仿佛是封建社会统治阶级套在妇女头上的桎梏，是妇女惨遭封建荼毒的见证。她们在男人死后，要么侍奉公婆，抚养后嗣，苦撑苦熬几十载，要么"绝食以殉""投缳柩旁"，要么"潜赴夫茔，自刎而亡"，争个殉节美名，成为封建妇道的牺牲品。

明清时期受旌表的节孝妇女立坊倒并没有区别其嫡庶身份，有正室，也有侧室，这与宗祠祭祀礼制不同。

节孝立坊在漫长的封建社会确实较能迷惑人心，统治者为了所谓"化民敦俗"，立有规定："民间寡妇，三十以前夫亡守制，五十以后不改节者，旌表门闾。"又"大者赐祠祀，次亦树坊表"。慈城节孝坊，也有称节孝亭，或节孝碑亭。早期大多为木坊，明清时期改为石坊。形制大小一般取决于立坊人家的经济条件，大户人家大都喜欢建造四柱三门三层，一般人家就建造二柱单门二层，都为楼式庑殿构架。牌坊分为"基""身""顶"三部分，部分立柱上有阴刻楹联，柱根前后立抱鼓石或石狮子。三门坊中门横梁以下和两侧门合称第一层，中门横梁以上至明间脊檐为第二层，再上为第三层。单门的则以门顶脊檐为界分为两层。正面一般立上下二额枋，

左侧墙为明冯氏贞节坊

明邵氏节孝坊

上额枋横刻匾额,下额枋多阴刻介绍建坊缘起等的文字,匾额名称不一,大多刻有"节孝""贞节"二字,也有少数刻四字,如"旌表节妇""两代完节""旌表义门"等名称。而立节孝坊地址大多选在城内的进出要道,或自家大门周边和宗祠前面空地,以告诉众人自己的荣耀,提高家族的声誉。

慈城现存的五座明清节孝坊,其中四座为明代建筑,一座是清乾隆时期建筑,"文革"时因坊柱与房屋砖墙相连或为其他建筑所掩盖而逃过一劫。而这五座节孝坊的主人,受旌表的原因虽然有些是包藏封建糟粕的内容,但更多是蓬勃向上的立志故事,及敬老爱幼的慈孝精神。

冯氏贞节坊,位于民主路向家大门内,为旌表明赵胜妻冯氏立。冯氏二十五岁时丈夫赵氏殁。母亲欲夺其守节的志向,冯氏痛苦地号泣,并发誓如夺其志将自尽。妯娌们日夜守护着她,直至对母没有恐惧为止。后来立从子赵𬀩为嗣,并亲自教授句读,严督学习。赵𬀩登弘治十二年(1499)进士,授工部主事。

邵氏贞节坊,位于民权路尚志路南,为旌表明刘莹配邵氏立。邵氏生性勤俭,孝敬父母,年十九嫁给刘莹。三年后刘莹殁,而邵氏成寡妇,悲伤得死去活来,典去自己新衣丧葬丈夫。不久遗腹子刘涞出生。公婆怕她

明冯太史第前刘氏贞节坊

贫穷，且年少守不住家，同邵氏父母商量，她父母稍微探之，就遭邵氏厉声回绝："吾所以忍一死者，为有遗腹与舅姑在也，幸有一子有托矣。家贫而怀二心，禽兽弗为也。"遂剪去头发焚于丈夫墓前，而表示自己坚贞的决心。之后朝夕纺织以资衣食，一些宗族亲戚想见她，而她尽量不相见，即使见面亦不让他们问这问那。公婆老而疾终，殡事都以大礼。严督儿子刘淶勤奋好学，而子刘淶亦能承志勤惕，家业由此兴旺。年七十余，嫠节凛然，闻者都叹服。明嘉靖十年（1531）旌表，从孙刘安撰墓表，十分称赞邵氏的功德。

刘氏贞节坊，位于尚志路东首冯氏太史第门前，为旌表明嘉靖甲子举人冯赞妻刘氏立，现为浙江省重点文物保护单位。刘氏二十三岁时而冯赞殁，儿子冯有经才五岁，寄居于远在北京的家里，生活寥落，依靠外公外婆照顾。刘氏对儿子管教甚严，每晚督子篝灯课读，使子少年成才，英年登第中进士，进入翰林院。对母极孝，母亲稍不满意，她就会长跪于母前，母不命之而不起来。封太宜人建坊。

陈氏贞节坊，位于民权路尚志路南，为旌表明冯若陶妻陈氏立。冯若陶嗜酒，陈氏多次劝说不听，后来竟然喝酒而死，那年陈氏年二十四岁。

德润书院前清乾隆冯氏节孝坊

想绝食随夫而去，公婆苦劝，提起四岁儿子元仲，陈氏猛然醒悟而起来。继而跪在灵柩前发誓："愿儿易养，即吾不死矣。"由是严课儿子，元仲最后成浙东名士。

冯氏贞节坊，位于东镇桥下原德润书院前，清雍正九年为应日鹏妻冯氏立。康熙四十一年（1702）应日鹏殁，冯氏年二十八。两个儿子应绍元、绍烈皆幼小。家里极贫，但她矢志坚守，辛苦育子。应绍元年十二岁即去苏州学生意，十五岁于汉口经商，五年以后才回家，稍有余资。而冯氏犹朝夕操作不倦，遂以起家，守节至年八十三而卒。

除了以上五座存世的节孝坊外，另有四座节孝坊留有五张照片，其中两张摄于晚清，是外国旅行家拍摄的，另三张摄于20世纪50年代，其中一座东镇桥下原德润书院前的乾隆冯氏贞节坊，晚清外国旅行家拍过，20世纪50年代中国历史建筑研究所赴浙东调查组也拍过，可见这座牌坊较有特色。

钱氏贞节坊，位于骢马桥下郑家桥南，清乾隆四十七年（1782）为冯鹤年妻钱氏立。相传冯鹤年是位商人，一次在外出经商途中，因海难罹难。噩耗传来，冯夫人钱氏痛不欲生，并立志守节，敬上抚幼，支撑门庭。待其

原慈溪西乡袁氏孙氏两代完节坊

子冯景效长大成人，在母亲守节三十七年后代母请旌，得到了乾隆皇帝的恩准，于是在故居西高楼址冯宅南面晒场边建造了这座节孝坊。

袁氏孙氏两代完节坊，位于西乡黄墓渡北，为清乾隆钱学曾妻袁氏、钱世泽妻孙氏立。钱学曾为慈城东街钱正宗祠后裔，婚后三年得子钱世泽，不久自己以肺痨亡。袁氏含辛茹苦抚养孤子钱世泽，待钱世泽长大后与孙氏成婚。钱、孙婚后两年得子钱大坤，不久钱世泽因病又殁，孙氏复又独自抚养儿子。钱大坤成人后为祖母袁氏、母亲孙氏请旌，获乾隆皇帝恩准。

冯氏节孝坊，位于东镇桥下原德润书院前，清乾隆五十四年（1789）慈溪知县钟德溥为应宽妻冯氏立。应宽即为前述应日鹏的孙子，所立牌坊相近，都在原德润书院前面。儒士应宽结婚三年后卒，其妻冯氏哀恸欲绝。有好事者串门欲谋为其立继子，冯氏坚决不答应。说："吾翁姑未老耄，何遽无子？"不久继姑（即公公的继妻）果生儿子应灏。冯氏以寡嫂抚稚叔，恩勤备至。应灏长大后娶妻，生子应慎修，而不久应灏又卒。又有好事者上门欲为应宽立继子，冯氏回答："吾叔氏，既有子，一子两祧，例也。奚不可？"来议者遂息。冯氏全力保护这个家，勤勤恳恳，并对祖姑

宁波冯存仁堂药店

及翁姑、继姑,侍奉葬祭尽力尽礼,人们都称赞其孝。乾隆五十四年(1789)题旌,道光七年(1827)卒,寿九十六岁,以慎修贵赠恭人。

杨氏节孝坊,位于大西门外横碧桥西,清嘉庆五年(1800)慈溪知县钟德溥为冯德文妻杨氏立。冯德文即是国内著名药号宁波冯存仁堂药号创始人冯映斋的孙子,也是当代著名作家冯骥才的七代祖。他14岁就随父亲(即冯映斋的长子冯济五)长年累月出没于粤西、云、贵、川等地的深山冷峇中,采办药材,27岁时因长江轮船倾翻而客死他乡(《冯存仁堂膏丹全集》1846年版本说在粤西感染瘴气而死)。冯德文夫人杨氏,见丈夫旅榇归里,就水浆不入,号恸不绝。亲人们都慰谕之,杨氏才开始强进饮食。此后上奉父母,下育孤儿,曲尽孝养。独子冯云湘,善经营药材,家以饶裕。而杨氏不但勤俭,还日夜纺绩不倦。生平足迹不入庵观,并说:宗族亲戚贫窭者还有很多,应当抚恤他们,而烧香佞佛,对人无益。嘉庆皇帝得知她的事迹后,就降旨旌表,筑牌坊于慈城西门外。在她八十岁的时候,亲戚朋友动员她的长孙冯汝霖(冯骥才高祖冯汝霆的胞兄)为杨氏共同祝寿,杨氏不许,并把做寿的金钱拿出来修缮慈溪县忠义节孝祠,修整进出的道路,以便参观行旅。无锡名士秦侍郎瀛曾为杨氏作《冯节母传》,

20 世纪 20 年代的云华堂

载《小岘山人续集》中。

树立节孝牌坊，在强调纲常伦理的封建社会，宣扬的是"从一而终"的理念，牺牲的是妇女的自由和权益，但它所蕴含的自立自强、以家为重的精神，在当时某种程度上起到了维系家庭关系、维持社会稳定的作用。

四、乡贤乐善的功德堂 —— 云华堂及其他

慈城历史上是远近闻名的慈孝之乡，固有慈善义举的传统，每当天灾人祸降临时，大家都会互相帮助渡过难关。而晚清以来，老百姓的扶贫帮困，济难救助，一般由被称为"善堂"的民间慈善机构实施。这种善堂都在地方官及众绅商乡贤的参与和管理下，经费少量来自地方政府的资助，大部分来自社会团体，如同乡会、同业公会，及民间热心人士的慈善捐款，涉及的内容如赡老、育孤、施药、助衣、代葬、收瘗路尸、栖流、救生，以及收买字纸（又称"惜字"，古人十分敬重文字，印或写过字的纸不能随意糟蹋，必须集中后统一销毁）、水龙救难（水龙即消防）、创办义校等。慈城云华堂等慈善机构在晚清就应运而生，还有其他的慈善堂也接踵而至，救济范

20世纪20年代云华堂学生之劳作课

围广,功能各异,基本做到使老独病亡皆有所依,孤寡妇孺皆有所养,贫乏困丐皆有生路。

  云华堂,设在慈城大西门外太平桥西南侧,始建于清道光二十八年(1848),由邑人叶仁、王庸敬、郑小谷等人创立。初期的云华堂,善举主要为抚育弃婴,设置义冢,施舍棉衣,散发药物,收拾弃字等,又以邑之嫠妇苦节无力请旌者,每逢乡试之年汇册申请。在第二次鸦片战争中,慈善之地最终也没有躲过战乱,咸丰十年(1860)云华堂毁于战火之中。同治八年(1869)由王庸敬发起,清翰林杨泰亨等乡贤大力支持,以及叶仁、郑小谷的后代都参与的云华堂捐资重建。新建的云华堂后来不断扩大规模,至民国二十年(1931),无论是就建筑规模还是管理规范而言都被公认为"旧宁属善堂中之首屈一指者也"。庭院深广,屋舍俨然,全堂水平面呈长方形,大门朝东,从东到西呈"四进三明堂"布局,北边沿慈江是花园,南边是防江水倒灌的江堤。"堂中供奉吕洞宾真人像,堂左右两庑各五间:左设祀本县节孝已旌者,右祀本堂董事已故者。"内部建筑共分云华堂、育婴院、孤老院和杂货间四个部分,包括东、西厢房和厨房,占地面积达到10多亩,建筑面积近3000平方米。前两进均为五间两弄的砖木两层结构,

宝善堂

第一进正中为中堂，左右分别是施药和煎药场所，为病人免费送药；第二进是孤老院，能固定安排20位老人，有人过世后有空缺床位再替补，孤老院后毁于20世纪70年代的一场大火；明堂（天井）的南北厢房各有三间房子，分别是学校教室和管理用房；最西边的杂货间堆放厨房用的柴火和棺木等杂物，西北角是个学生运动场。由于得到地方士绅的不断捐赠，云华堂资本雄厚，到清光绪末年，已置有田约1324亩，义山80亩，鄞县大嵩涂田445亩，镇海县涂田约250亩。后又陆续置有义田252亩，山约14亩，日常经费主要仰仗田产收入。1937年日寇入侵后，云华堂逐渐衰落，1952年云华堂的小学部搬迁至邻近的张陆（新华）小学。随着1954年10月慈溪县政府从慈城迁至浒山，设立的慈溪县初级师范学校3年后也搬至余姚梁弄，仅剩育婴堂的云华堂搬迁至慈城原县衙后慢慢消失。到20世纪80年代，随着慈城胜利粮站的扩建，云华堂被陆续拆净，现已荡然无存。

晚清时，慈城除了浙东运行较规范、规模最大的慈善机构云华堂外，另有官办和民间所办的四个较大的慈善机构：创办于元至元十九年（1282），具有700多年历史的官办救济养老机构——慈溪县养老院；创

1934年慈城青年商人回乡时在吕祖祠(宝善堂)花园聚会

办于清乾隆年间,具有新式善堂雏形的民间救济组织——宝善堂;创办于清光绪年间,让旅外乡人的灵魂有一个温暖的栖息地的慈善机构——归真堂寄棺所;创办于民国十六年(1927),具有人文关怀,具有民间性质的慈善施舍组织——体仁堂。

养济院,位于慈城西南子孙巷底,据天启《慈溪县志》云:养济院,县东南二里,元至元十九年,于宋居养院故所建养济院。元至大四年(1311)重建,在原米仓址上建居养院,此后存世600多年,养济院功能和院址基本未变,历经元、明、清,直至民国初。民间传说明代奸相严嵩最后流放于此处,并至终老。

宝善堂,在慈城东北隅,华家巷北底,浮鳖山东麓。清乾隆间,慈城人桂秀山暨阮景祥、陈炳蔚、俞雷、俞霖、秦直方、秦近水等创议,岁行埋资掩骼事。嘉庆九年(1804)应慎修募资建拓堂宇,增益施棺、舍药、恤嫠、惜字诸善举。时俞元熊、杨九畹、冯云濠、冯汝霖、冯本诚各相伙助,先后置义山40亩,田70亩,西坝义渡田30亩。《大学》云:"楚国无以为宝,唯善以为宝。"故名。咸丰十年(1860)知县程国光以经费不足,议于契税项下每银一两,捐钱三文,岁由税房支给。咸丰十一年被匪毁。同治初年俞云芝等募资重建，同治五年（1866）冯本怀、桂馥等捐置城河各闸堰修理费，田17亩6分9厘。堂中恒产无多，自掩埋外各善举，每岁视捐助所入者量行之。

  归真堂寄棺所，位于慈城东门外约250米的饭佛禅院右。清光绪七年（1881）邑人冯全埔、冯可镛、冯善长集资创建为旅榇归里寄放之所。慈溪县历史上盛产两种人，即官人和商人。官人在外面当官，商人在全国各地水陆码头开店做买卖，难免会有死亡，但根据乡土习俗，外乡死人的棺材是不能进家门的。但大多数人都希望把棺材运回家乡安葬，由是慈溪乡绅捐款在慈城东门外建造了一座寄棺所，专门寄存在外面死去的乡人的棺材，使远离家乡的游子可以在家乡得到安息。

  体仁堂，位于慈城德星桥南，原朱氏宗祠南面，紫国庙北面。创办于民国十六年（1927），是一家民间所办福利机构，专办施舍善举，抗战初期施粥救济饥民，日必数千。体仁即对穷人体恤仁慈，救济贫苦。这个机构规模不大，除了舍粥，还舍医送药，为困难人群送去温暖和关怀。旧时慈城有句老话："你肚皮饿煞，快到体仁堂去吃舍粥。"

  在千年慈孝之风的劲吹下，慈城大大小小的慈善机构远不止这些。乐善好施，助人为乐，已是大多数人的共识。当然做善事必定会给施主事业带来不少利益，包括声望、地位及经济收益，也为其精神上带来极大的慰藉，无论是生前的消灾还是死后的升天。

【六】

传统民俗

20 世纪 20 年代五马桥后新屋冯氏结婚照

风土人情、岁时习俗和故事传说,是民众在长期的生产和生活实践中逐步积累起来的文化财富。那里保存着民间实践经验、民间信仰、民间文学、民间艺术以及天文历法等各类民俗文化遗产,在人民生产生活中起着巨大的作用。作为古县城的慈城,保留了其他地区不少已消逝的传统风俗习惯,留住了民间文化之根。这些风情习俗是慈城先民对天人、群己、义利等关系的约定,有着自身特定的文化内涵。今将慈城主要风土人情和岁时习俗加以列举,以大众化的视角回味传统,寄托情思。

一、独特的风土人情

历史上作为慈溪县城的慈城,地理位置优越,环境得天独厚。数千年来,先民们在这片美丽富饶的土地上繁衍生息,辛勤耕作,与大自然和谐共存。这里既留有各地汉民族丰富多彩的风俗共性,又具有独特风格的地域风情。据旧县志:"邑有董孝子之遗风,人知孝爱乐循理旧矣。皇朝以来,杨公适,杜公醇,又以行义为之师表,自是文物益盛。"宋王荆公安石亦云:"慈溪小邑,无珍产淫货以来四方游贩之民,田桑之美有以自足,

骢马桥下钱氏五姐妹（1921年摄）

无水旱之忧也。无游贩之民，故其俗一而不杂，有以自足，故其人畏刑而易治。所见之士，亦多美茂易成也。"至近代，慈溪风俗更独特，有与宁波及邻县语言发音明显迥异、更接近北方普通话的慈城话，如方言"奥松（叔叔）""奥姑（姑姑）""奥舅（舅舅）""奥婆（对外婆辈的人的尊称）"等慈城特有的对长辈叫法；有八月十六过中秋的风俗；有慈城特有制作方法而闻名海内外的精美食品水磨年糕；有慈城独有制作工艺和烹饪技巧的横包粽与乌馒头；有更完整地保留古代遗风的独特婚嫁礼仪。以下分别从土语、饮食、行业、土风这几个方面一一举例，以展示慈城风土人情的独特之处。

（一）土语

慈城流传有土语："冯家屋、俞家谷、钱家吃。"冯家屋，又称冯半城，指县城一半的房子是冯家的，暗语冯家自汉朝至今一千多年来，几十代诗书相传，人才辈出，到清朝乾隆年间已出了56位进士。同时财丁两旺，族分六支，支支家大业大，名闻四海。又指著名作家冯骥才祖上那一脉，在清康熙以来靠经营药材致富，在县城五马桥一带，占地五六万平方米，建

旧时慈城一户人家的灶间（张国良摄）

造了数十幢高楼大宅，规模远超东边的慈溪县衙，俨然是城中之城，惊诧县里的四方乡亲。

俞氏是清初以来发家致富的慈城名族，相传祖上发财太公为慈溪县北乡人，明末清初靠卖泥螺为生，一年夏天路过慈城小东门，见自己担里泥螺颜色有点不好看，就到旁边的河埠头清洗，不料泥螺担翻进河里，他在摸泥螺时摸到一甏金子，从此发财。先买下小东门冯氏占地上万的一座大屋，俗称倒墙缺俞家，再在四明山、三北等地买下数千亩良田，此后每年秋收时节只见谷船一船船从小东门运进河边的一排谷仓，使慈城百姓都很羡慕。

骢马桥下钱氏是慈城有名的大家族，祖上钱澍田在清乾隆时曾创办广东敬修堂大药号，他的后裔中出了一位著名书法家钱罕。相传钱氏把广东人善用善做的药膳带回了故乡，并经常请慈溪县头面人物来家品赏，连许多见多识广的乡绅和官宦也吃得目瞪口呆，善做食物的钱氏开创了家乡饮食新理念，也留下"钱家吃"的俚语。

慈城有句俚言："保长吃鱼吃肉，甲长奔上奔落。"民国时慈溪县推行保甲制，县政府下层管理机构为保甲单位，即十户为甲，十甲为保。当时规定甲长是无报酬的，保长是有报酬的，而报酬是一保之内住户按规定支付的。保长除了完成其他工作外，最重要的任务是三天两头征收税款及包罗万象的大大小小的捐款。有些住户一时手头紧，无法支付各种捐款，保长就带人三天两头来逼捐，惹得保内住户怨声载道，而保长乘机贪污受贿，营私舞弊。

（二）饮食

民以食为天，慈城人在饮食方面也独具特色。

1. 冯家做酒。慈城金家井巷布政房冯家做酒，会把热腾腾的黄酒倾入坛内，而在坛底预放一条鲜活的河鲫鱼。然后就把这坛子埋在地下。多年后，打开藏酒封泥，酒香扑鼻。坛子中的河鲫鱼宛如依旧活着，鳞鳍完整，熠熠闪光。但酒提子一下去，随着"咚——"的悠远之音，河鲫鱼倏尔消逝，溶化在酒中，无影无踪了。盖时日既久，鱼早腐熟，开坛振荡，接触空气，鱼就不再成形了。

2. 做年糕。每年冬至前后为乡村农闲季节，慈城许多农民会在家里做年糕，邻里的亲朋好友会前去帮忙。年糕以粳米为原料，干碾成粉或水磨粉，

做年糕

旧时慈城人家吊粽子的廊屋（张国良摄）

救火会救火用具

旧时救火会

蒸熟后成粉化在石臼中捣烂再制成条状,块团是以纯糯米蒸熟为饭,也在石臼中捣烂,再揉成饼状。慈城产浙东优质粳米,做出来的年糕柔滑细腻,久浸不糊,久煮不烂。家中做年糕时,全家老小围着案板,亲戚朋友都参与到揉、蒸、搓的制糕过程中,还在做成的年糕、粿上盖上红印,或用筷子头盖红印点。年糕团的馅,主人一般备有三北豆酥糖、赤砂糖、笋丝咸菜等多种。也可不加馅,随意捏出元宝、公鸡、白兔、鲤鱼等形状,很是讨小孩的喜欢。这一天是做年糕主人家最快乐的日子,满屋子热气腾腾,嘻嘻哈哈谈收成,吃吃喝喝增友情。

3. 乌馒头和横包粽。"端午乌馒重阳粽",旧时慈城端午习俗与其他地方不同,不吃粽子,也不是纪念战国时的爱国诗人屈原,而是家家户户吃乌馒头。乌馒头为慈城特有的食品,它是用麦粉发酵,再掺以白糖、黄糖,蒸制而成。相传元朝末年,慈城乌沈弄口有家远近闻名的馒头店,老板乌杰,本是读书人,后弃笔归隐。秘密参加反元活动,组织慈溪民众揭竿而起,于端午之日将元朝官吏将士战败。而乌杰在胜利之日,拿出仿造起义时所摇门铃的托盖样子的馒头,分给百姓吃,老百姓将这种又甜又软、味道交关好的馒头,称乌杰馒头,后来顺口叫乌馒头。其他地方都

下横街冯恒大店面

是五月端午吃粽子,而旧时慈城习俗为九月重阳裹粽子吃粽子,一般是做四方形粽子,也称横包粽。相传宋理宗景定三年(1262),里人方山京中状元后,在重阳节这天回乡省亲,县令用方粽(寓意方山京中状元)馈赠民众,慈城百姓用方粽相互馈赠,以示庆贺。慈城方粽系用糯米制作,掺一点碱水,帮助消化,吃起来口味更佳,用大张毛竹壳包成方形粽子,如手掌大小。品种有赤豆粽、豇豆粽、肉粽等。

(三)行业

旧时慈城大街上每天人来人往,车水马龙,各行各业,生意兴隆。市面上各色人物,三教九流,热闹非凡。开店的都为了挣钱而拼命吆喝,跑腿的为了生存而四处忙碌奔波。

1. 救火会。旧时慈城内有六支义务救火会,俗称洋龙会。城中大关圣殿旁有"永安会",以大街商店人员为主,还有附近居住的木匠、泥工等;东街以东庙为中心,称"安吉会",以"脚板"(搬运工人)为主;骢马桥以南称"潜初会",以南门居民为主;西街以西庙为中心,叫"永宁会",以米厂、冯恒大酱园工人及西街商店为主;城隍庙旁边"天龙会",以小西门居

慈城下横街鹅行跟铜店弄

下横街老店面

民及石匠、泥木工为主体；北门以小关圣殿为中心，称"东北会"，以向生记米厂和泥木为主。一旦发生火灾，救火队员个个神勇，奋不顾身冲进火场，灭火救人。每当救火结束，由负责人点名，发放点心票，凭票可到慈城下横街"泰昌"、莫家巷口"穗芳"领取由善士捐资的一份点心。

2. 三教九流。旧时指街上混着的各种社会地位卑下的特殊服务者，如从事剃头、修脚、搓背、穿寿衣、抬棺材、哭丧吹乐、撩厕缸沙者等，也指有小偷小摸行径、不干正事的一类人。这种人尽管自身处于底层，但多数对读书人从心底里都怀有敬意，都希望下一代不走自己的老路，而是脚踏实地，用心读书，将来出人头地而改变自己和家族的命运。

3. 鹅行跟。旧时慈城下横街中段的鹅行跟，南傍市河，北依下横街，是一块两亩多的场地，唯一的设施是一栋披屋临河而建，长约三十米，宽四五米，平时少有人进披屋买卖，仿佛只是为避风遮雨而建。鹅行跟是慈溪县专门开设鸡鸭鹅猪交易的市场。每天早上四五点钟起，从四面八方来赶集的乡民手提、肩挑、车载、船运自家圈养的活禽或刚出栏的肥猪，在鹅行跟的空地上吆喝叫喊，而上午九、十点钟后就逐渐落市了。

4. 南货店。有慈城莫家巷口的穗芳南货店，竺巷口的同顺南货店，乳

旧时箍桶店

龙堂对面的状珍（后改鼎懋）南货店，市心口的泰昌南货店，下横街的万茂、蒋万兴、蒋万丰、蒋万顺等数家。在这些商店里，山珍海味、南北果品，应有尽有。而特色是四季应时茶食，数不胜数，像穗芳、泰昌生产的油包，全用高级净白麦粉做成，用白糖、猪油、芝麻作馅，一口咬进嘴里，真是又香又甜，回味无穷。还有绿豆糕、核桃酥、豆酥糖等，产品质量均属上乘。

4. 嫁妆店。民国时，慈城下横街有一家三开间前店后厂的同和嫁妆店，顾名思义，即专门卖女儿出嫁用品的商店。店堂内摆满各式箱子、马桶、脚桶、锡瓶、铜火熜之类，每当上海最新产品上市，不出几天此店也摆上柜台，因为店家在上海专门聘请"包打听"探知这方面信息，雇用上海熟人四处出击，请信客三天两头从上海携回来货物。

5. 箍桶店。旧时慈城德星桥北沿永明路，有一爿钱氏世传百年的箍桶店，三间店面，店主为人厚道，生意兴旺，做工精巧，誉满慈溪城乡，甚至上海、杭州、宁波也经常有人托人来要货。相传钱氏祖上有人曾去京城皇宫做事，后因年高体弱回到故里，告诫子孙隐姓埋名，在德星桥边开一家箍桶店，并立规传子不传女，传内不传外。

6. 大力士。旧时慈城市日，周围四乡八方的农民进城赶集，在车水马

原东门外堕民巷

龙的市心口空地,总会有赤膊大力士腰缠麻绳,裸露肌肉大声卖艺。或头击石板,手举巨石,自云力大盖世;或口吞宝剑,指穿青砖,自喻功夫非凡;或舞刀弄棍,捕风捉影,自称天下第一。待表演时,下手总会拿帽子翻起当口袋,向周围的看客要钱,或拿出烂泥膏药高价向看客兜卖。

7. 扶乩请仙。旧时慈城人大多封建迷信,对扶乩请仙之类的骗术都信以为真。扶乩之沙盘架子的上横头有供桌,即普通的八仙桌,围着绣花桌围,香烛荧煌,鲜果供品,那是所请神道之位。一小姑娘半眯着眼睛扶乩写沙盘,所写"鬼画符"谓仙女在传神话,把天上菩萨、各路神仙的密语传告于天下,可解决人间疑难杂症。扶乩骗术一结束,就开始卖自制的所谓"仙药",那是用香灰和松针之类做的,呈球形,灰黑色,摆在木盘子里,特意搞得香烟缭绕,与盖碗清茶一起供在八仙桌上,增强神秘感。

8. 堕民。旧时慈城东门外有条长百米的弄堂叫堕民巷,两旁住有数十户特殊人群——堕民,除了在这里群居外,其他许多人还散居在县内各处的祠庙里。明清时封建王朝规定他们不准读书,不准买地买田,不准与堕民外的人通婚,不准在城里买房居住,不准经商或结社。他们男的除做戏、理发外,多以丝竹吹唱娱人,普通人家有婚丧祭祀等大事时,常常雇

清末慈城外国旅行家摄花轿

用他们;女的专做送新娘子和服侍人的工作,或替妇人们绞面剃发。他们特有的生存行业世代相传,历代官方和民间皆歧视他们,而他们因长期遭受精神迫害又自视卑下。

(四)风俗

风俗是镜子,能照见一个地方的物质乃至更为重要的精神生活,代代传承。然慈城风俗生于此,长于此,因此十分接地气,从而更具有迷人的魅力。

1. 关帝庙庙会。关圣帝以其"仁、义、忠、勇"为世人敬佩,尊为英雄模范。慈城商人奉关公为武财神,遵行商业"诚信仁义",和气生财。每年六月廿四关帝诞辰,商人会在大街大关圣殿举行关帝庙庙会。县商会就设立在关帝庙后院,这天组织商人,分行业进入关帝庙,燃香点烛,礼拜后在庙旁酒楼聚餐。所以慈城商人稳妥可靠,信誉卓著。而聚餐也是庙会重点戏,叫"吃关帝会酒"。在庙会上协调行业纠纷,清理往来账项,订立同业行规。在神前和同行面前许愿立誓,吃过关帝庙会酒后,决无反悔。

2. 四月半会。慈城最著名的迎春赛会是四月半会,相传是纪念张元

中元放灯（选自《古代习俗百图》）

伯、刘元达、赵公明、钟士秀、史有业五个人，人们认为他们死后的鬼魂能治病逐疫，便有好事先人在慈城东门外建庙塑像，叫五都神，庙称都神殿。每年四月十五日起到月底止，人们抬着偶像，前面排着各种仪仗、大旗、金鼓、台阁等，浩浩荡荡巡行城乡各地，叫"四月半会"。经过的地方都张灯结彩，摆设牲醴，演戏唱书，热烈欢迎，红男绿女，黄童白叟，人山人海，热闹非常。

3. 盂兰盆会：七月十五中元节，慈城寺观和民间当晚要举行放焰口活动，即盂兰盆会，以祭无主鬼魂。相传七月间阴司地府官开"鬼门关"，让阴司的鬼魂到民间自由活动，此时所有无人祭祀的孤魂饿鬼到处寻找食物充饥，人们为了免遭野鬼的骚扰，在中元那天举行"祭度"活动，超度孤魂野鬼。而城内居民沿街设祭，用米筛或门板摆设"檐下羹饭"，有鱼肉酒及馒头、南瓜、豆腐、毛豆等12碗。有些居民还要集资请和尚、道士、巫婆诵经念咒，大街商店门口都要悬挂蜈蚣旗，路旁焚冥锭、纸衣、纸车、纸马等。祭毕，供品送给乞丐。

4. 斯文会。旧时慈城各大姓望族都建有宗祠，每个宗祠除了有与其他祠堂一样的组织机构外，还建有慈城独有的社团——斯文会，即宗族筹集一笔专项资金,把族内有文化之人组织起来,每年在特定日子安排他们在宗祠内聚在一起,饮酒赋诗,交流信息。如冯氏、秦氏、三凤王氏等,以文相聚,以提升自己宗族的文化层次,对鼓舞家族的后人有无穷的鞭策和召唤的作用。

5. 兄弟登科。旧时慈城的老父亲最高兴的事之一是儿子登科,实现了自己多年的夙愿,而兄弟登科更是喜上加喜。相传著名作家冯骥才高祖冯汝霆先生,多次参加乡试不中,后来他培养的两个儿子冯可礽、可镛,分别在咸丰元年、二年中举,为家族带来无限的荣耀。汝霆先生曾在故居前五马桥畔叫来戏班搭台演出五天五夜,以示庆祝,并重建自己家大门,把"兄弟登科"的砖雕匾额镶嵌在门上。

6. 哥哥抱上轿。旧时慈城人家办婚礼时,接新娘的轿子只能停在女方的大门外。待新娘吃好娘家准备好的最后一餐,梳妆打扮完毕,待在自己的房间里,必须等待由自家哥哥或堂兄、叔叔、舅舅从房间抱到大门外的轿上,这也许是怕她把娘家的风水带走。

7. 讨吃酒。旧时慈城新嫁娘娶来以后,第一次出门必限于喜庆等事,如果自己的戚族中没有喜庆事情,也可以到本来没有关系的人家去"讨吃酒"。例如某甲家有喜事,某乙或某丙家的新妇,不管认识不认识,有交情无交情,可送一封贺仪,乘一顶小轿,带一个喜娘,到某甲家去吃酒。当然也不是随便选的,也要门户相当,声誉较好。参加人家的婚宴,吃一顿喜酒,以表示自己做了新娘之后已经有一定经历,连别人家的婚宴都出席过,就不算"嫩头"了。某甲知是讨吃酒,必殷勤招待,还要解轿钱,付陪包。酒散即归,这是慈城妇女不轻易参与世事而崇尚妇德的古风。

8. 吃头口奶。旧时慈城还有一个习俗,就是孩子出生后不是马上就喂奶的,要过几个小时,最好是在胎粪排出后。慈城人这头口奶可不是随便吃的,更不是吃自己母亲的乳汁,而是早就请媒婆联系好一家早于自己生产的良家产妇(指品德优良,身体健康,比选一般奶妈的要求高得多),请人把婴儿抱去吃人家奶娘的乳汁,叫作吃头口奶。

9. 吃倭豆。慈城立夏节家家户户吃"倭豆"。相传嘉靖年间抗倭英雄戚继光为了鼓励将士们奋勇杀贼，便当众宣布，杀倭寇一名，奖蚕豆一粒，并用线穿起挂在胸前，代表"倭头"，以后只要一看胸前便可以知道谁是杀贼英雄了。从此戚继光的部下便把蚕豆叫成了"倭头"，久而久之，慈溪的老百姓便叫惯了，都把蚕豆叫成了"倭豆"。立夏刚好逢新豆上市，孩子们还爱穿上一大串挂在颈上，摘一粒吃一口，像当年的抗倭将士一样，感到无上的光荣。

10. 点主。大户人家的父母死了，必请乡党中有声望的人，为他们的父母点主，称为大宾。点主的时候，陈设庄严堂皇的礼堂，大宾以外还有左右宾、大引赞，都穿蓝袍黑褂礼服，先鸣炮奏乐，告天地，然后入堂升座，孝子扶主出帏，交左宾，左宾呈大宾，大宾读主，先题朱笔，再盖墨笔，祝主；交右宾，右宾交孝子，孝子扶主入帏。礼毕孝子拜谢大宾，来宾纷纷贺主，这是子孙孝敬父母的董孝子遗风。

11. 请紫姑。旧时慈城人正月十四夜要邀请天仙，也叫请紫姑（即屙缸姑娘）问凶吉。相传屙缸姑娘是一位职位低微的小神仙，对凡人小事有所了解，所以大家乐于求教于她。旧时慈城姑娘们趁别人上街看灯的机会，抬着米筛把屙缸姑娘请到自己的屋里来问卜，据说屙缸姑娘有求必应。也有少女相约于屙缸边、猪栏里迎祭紫姑，并扶乩，以求卜长大后的智愚和婚姻。

12. 吃大户。慈溪县有一个吃大户的习俗，如果某大户人家儿子，因某事触犯了众怒，如仗势欺人打伤了穷人家的孩子，或满嘴污秽调戏良家闺女，或偷鸡摸狗干些下三烂的勾当，乡邻们就会自发组织起来与该大户人家评理，谈条件，要赔偿等。犯众怒者因害怕只得服软，请当地有声望的乡绅做和事佬。由犯了事的大户出钱出面，在村里摆上几桌像样的酒席，供乡邻们畅吃一顿或几顿，以示认错赔礼，在这个场合村民们自然会不客气地狼吞虎咽起来。吃大户的习俗，其实是农户、村民的自我保护方式，敢向大户人家叫板，警示那些大户人家，不得随便欺负别人。

13. 冬至夜里灶火旺。旧时慈城冬至夜还有一个较特别的风俗，就是要把灶洞烧得旺旺的，认为灶火旺，财气就旺，人丁就旺。这个习俗形成

请紫姑(《古代风俗百图》)

祭灶(《故事绘画中国》)

于明成化时,传说当时慈城云湖有户董姓大户,雇了个徐姓长工,这个长工干活十分卖力,又忠厚老实,深得董家的信任。做了几年积了一些钱,老婆也娶了,夫妻俩相亲相爱,勤俭持家,生儿育女,日子过得越来越兴旺。每年冬至,长工家把灶火烧得旺旺的,请董老爷家人来吃饭,年复一年,长工家日子一年比一年过得好,每年冬至请董老爷吃饭的菜也一年比一年多了。直到长工家冬至家里灶火越来越旺,而董老爷家断了灶火。过了许多年,徐长工家财丁两旺,而董老爷家断子断孙。此事传开后,慈城家家户户在冬至夜把灶火烧得旺旺的,吃饭要在自己家吃,再不会到别人家去喝酒。

14. 祭灶。农历十二月二十三,又称腊月二十三,是夜要"祭灶",又叫"送灶神"。旧时慈城家家户户在灶头上贴灶神,上部绘一座宫殿,书"广德宫",中间为神像,像下有五个小孩捧铜钱、元宝,寓"五子登科""招财进宝"之意;左右联谓"上天奏好事,下地降吉祥"。相传腊月二十三夜灶神上天向玉皇大帝禀告一家善恶,至除夕返回,奉旨赏善罚恶,或赐福或降灾。祭灶时用白开水一盏,供"祭灶果",还供有纸折神马,焚香燃烛。过了祭灶日去理发叫剃过年头,花费要加倍,洗澡也一样。祭灶果是由红

过年

球、白球、麻球、油果、寸金糖、脚果糖、白交切、黑交切等各种颜色的糕点组成，南货店用粗草纸包扎起来，传说是为了让灶君尝到甜头，粘住他的嘴。祭毕，将旧的神祇和纸马焚烧，谓"送灶"，祭灶果才由孩子分食。而慈城五马桥冯家，祭灶日子却推后一天，为十二月二十四，相传清初有位出门做生意的先祖，祭灶这天赶不回来，家人只好等他推迟一天。一般人家祭品都用纸马，而五马桥冯家没有钱，买不起纸马，只好扎草马当祭品。即使在发迹以后，五马桥冯家也习惯用一只草马、一只纸马祭灶，以示子孙不忘昔日苦难。祭灶一般由男人负责，妇女要避开，俗称："男不拜月，女不祭灶。"在年三十夜，安贴新神祇称"接灶"。

15. 掸尘。掸尘就是在年终前选择一日进行大扫除的意思。旧时慈城人掸尘日一般为十二月二十四，也有前后数天内进行。相传灶神走了以后，玉皇大帝派遣天神来代职，这位天神嗜好干净，如不洁净可能降灾，所以慈城家家户户一定要打扫洗刷得干干净净。一年一度的掸尘与日常所做洒扫庭院、拂拭家具等家常事大不相同。掸尘时要里里外外、上上下下都洗刷干净，整旧如新。客厅卧室，弄堂厨房，上至天花板，下至青石板，都要用掸尘帚刷过，用揩布擦过，用清水洗过。再至灶间的烟囱灰，也要

谢年(《中国民俗图像解说》)

疏通一下。对那些不需要的东西,该卖的卖,该弃的弃,该烧的烧,居室重新布置,给人以焕然一新的感觉。掸尘过后,有些长工拿好工钱离开大户人家,也急速回家过年,老话讲"廿五六不走不是人"(特指长工回家)。

16. 谢年。一般为十二月二十四至年底,慈城人掸尘之后就是择吉日谢年,意思是谢天谢地保佑一家人平安团圆。谢年是祀神典礼中最为隆重的,时间多安排在下半夜,大约是为了准备齐全且安静的缘故。谢年是感谢上天有好生之德,降福于人间,一年来全家平安,诸业兴旺,祈盼来年更降好运,所以家家都以极其虔诚的感激之心来祭拜。

谢年的供桌横摆成"品"字形,供品要"完全""完整",有整鱼,整鸡,整块方肉,鱼必用活鲤鱼,彩头谓鲤鱼跳龙门,为防止鱼弹跳落地造成不快,往往事先在鱼嘴里灌点老酒,祭拜拆桌后,鱼大都被主人拿到池塘或河里放生;鸡要雄鸡(绝不能用草鸡),余得生点,样子要挺括,鸡嘴里叼一根生葱,寓生机勃勃;猪头为公认的利市吉祥物,一条猪尾巴可咬在嘴里,也可盘在后面,以象征全猪。若不用猪头则可用余熟的方肉替代,这肉定要是含两至四根肋骨的前膈心条肉,喻明年日子"簇骨头新"。以及整盘的盐、血(熟猪血)、豆腐、年糕、金团、水果、酒等。供品上贴有红纸,

贴门神（《古代风俗百图》）　　　　　拜岁（《古代风俗百图》）

放在祭桌上。谢年的八仙桌横放（以木纹走向为准），门不开，只开窗，因神从天上来，酒盏筷子摆十六副。祭祖时开门，好让祖宗进来，酒盏放十二只，闰月放十三只。祭拜时七烛高烧，香烟浓郁，一片热烈欢庆的气氛，这时若从天空纷纷扬扬飘下雪花来，则真是欢欢喜喜的年来到了。谢年的神祇挂在高背椅上，用两把香夹住椅肩。椅子搁在"稻斗"上，比桌面高出一截。神祇面向堂里背向青天，跪拜时从屋里向天外拜，与祭祖从外往里拜方向正好相反。拜天的人只限于男子，按照长幼秩序，当天要头脸干净，衣着清爽，跪拜三次（进神、上供、送神各一次），每次三跪九叩头，十分庄重。直至香烛点光，才算谢年结束。

二、多彩的岁令时节

作为慈溪县城的慈城，气候温和，物产丰富，文化深厚，社会安定。民间节日，法定节日（元旦、儿童节等，以阳历为准）接连不断，节庆活动贯穿四时，居民岁时习俗丰富多彩。

拜庙岁(《故事绘画中国》)

(一)春节

大年初一为春节,旧称元旦,始于殷商时期,旧时慈城人都特别重视,人人着新衣,穿新鞋、戴新帽,衣服里外三层(布衬衣、夹袄和外袍)新,以示辞旧迎新。谓穿未下过地的新鞋,在新年里可脚轻手健。家家户户都张贴春联、门神,悬挂灯笼等。一大早,开门放炮三声,也叫开门炮,以驱赶邪祟和防疫消灾。炮仗放得越高越响,示意新年越吉祥顺利。灶头要及时供好净茶和汤圆。

慈城世家大族供奉祖先遗容画像于祠堂或中堂(堂前间),一般悬五代之内的祖宗像,称为"供影子""供金紫(昔绘像者皆金冠紫衣)",也称"喜神",有单人画像,也有三五世合绘一幅的画,叫"代图"或叫"三世图""五世图"。初一早上,家长率弟、子先拜于祠堂,顺序为先大宗,次小宗,在"喜神"案上,供上牲醴、茶果、年糕、粽子,烧香点烛,一家老小依次行拜年礼,有的至亲前来相贺,也要参拜祖宗遗像,拜祖一般从初一到初五,而后收起祖像,这种拜祠堂、祭喜神的风俗,反映了慈城人注重人伦道德的观念,也是封建宗法观念在心理上的反映。

敬神祭祖后,就开始拜岁,各家幼者依序拜尊长。因旧时慈城多豪门

贺岁（《故事绘画中国》）

大族，所以规矩特别严，拜岁先是同宗族拜尊长，门徒拜高师后是亲族间拜访，再是朋友间相互拜访。拜尊长一是拜家中家长，二是拜同族长者。家人依次行拜年礼，晚辈先向长辈拜年要压岁钱，然后平辈互拜。长辈要给小孩吃糖果，分钱包，祝贺他们又增长一岁。大家吃瓜子、花生、福橘、甘蔗，嘻嘻哈哈，其乐融融，随后由长辈带领小孩向亲友邻里拜岁，有些只派晚辈代拜，见面时，彼此满面笑容，双手抱拳，口说"恭喜发财""新年好"，互道新年之喜。即使平时不大走动的亲朋，也借新春之际，相互拜访，联络感情。

　　旧时慈城民间还产生了一些有趣的过年风俗，正月初一不扫地，如要扫地必须向内扫，不能向外扫，唯恐把吉利鬼扫出去。不乞火（不向别人借火点香烟)，不杀牲，不动刀剪，不倒马桶，不洗衣裳，也不打骂孩子，不讲晦气话。在堂前或门前插上几枝冬青或柏枝，寓意新年生活节节高，青翠长久。还有初一开门出行，要选择"利方"而行。每走到一座庙，就烧一束香，要经历十庙而后止，故称"烧十庙香"；回来后还要把一炷香插在厅堂诸神之前，称"回头香"，烧香许愿，祈求神明保佑新的一年万事大吉。

春节的娱乐活动(《故事绘画中国》)

慈城人的春节十分讲究饮食,初一早上男女老少爱吃甜食,如糖年糕、豇豆粥、汤圆,寓有团团圆圆,年年高,一年甜到头的美好心愿。中晚餐主要吃除夕煮的满锅供奉神祖的年饭,叫"吃隔年饭",又叫"万富",意为万副家当,发家致富。有些人还会全家吃素斋一天,这天习俗的最大特点是尽量让家里日用器皿"休息"一天。

旧时慈城人春节的娱乐活动丰富多彩,不是在家聚玩,就是四处闲逛。如大人挖花牌、打麻将、推牌九,小孩掷骰子、抛铜钿、玩接龙、打弹子、吹红毛人、踢毽子、跳绳、甩打煞坯、扯响铃、转风车、放鞭炮、敲新年锣鼓等,形式多样,男女老少,各有所乐。但一般是家里人自娱为主,不仅大人玩,小孩也允许与大人一起玩,有些是游戏,不属于赌博范畴。天气好的话更多的人选择外出游春。因初五之前,店铺大多停业,只得到大街上看彩牌楼或去城内外寺庙、宇、观游览。早上八、九点钟后,市心口人山人海,各类商贩设摊,主要出售儿童玩具及炮仗,各地江湖艺人占据有利地盘,吆喝声、欢笑声此起彼伏。慈湖是美不胜收的天然园林,更是游人的欢娱之地。

拜庙岁,去永明寺、紫国庙、柳山庙、城隍庙、关圣殿、鲁班殿、纱罗庵、吉祥庵等处进香，去清道观撞钟。所到之处游人如织，香烟缭绕。

大年初一晚上，未昏即眠，不点灯火，谓点灯将使得今岁蚊蝇多。睡前，放三响"闭门炮"。晚上守在家里不出门，俗称过"太平夜"。

年初二起开斋吃荤，男人出拜亲邻，一般先至亲后远亲，少拜长、婿拜翁、侄拜姑、甥拜舅，称"贺岁"。贺岁要吃元宝茶（茶盖上放两只青果）。留客人吃饭称"岁饭""岁酒"，有四冷盆：蚶子、蛏子、泥螺、白斩鸡。家有上海人回来的摆皮蛋、熏鱼、腊肠、肉松等上海食品。热炒有炒笋丝、黄芽菜、鲜鱼丝、油爆虾、油炸春卷皮子等，吃年糕汤等。四乡农民的车子灯、跑马灯、大头和尚等娱乐班子进城贺岁。去街上小摊买泥娃、泥狗、泥猴、泥公鸡，有的按下去会"哇哇"叫，有的吹起来会"吱吱"响。

出嫁的女儿纷纷回娘家，路上行人熙熙攘攘，来来往往，很是热闹。妇女们带着儿女，携着大包小包的礼品孝敬父母，到娘家与父母兄弟姊妹欢聚一堂，共叙天伦。

初五为财神日，慈城明清时期多经商世家，故最重此日。有的半夜三更到财神庙烧一炷香，叫抢财神，以图吉利。街上商店多设财神堂，大清早，供财神像，以猪、羊、鸡、鹅、鱼五牲为祭品，猪羊多扣头尾，中设一刀猪肉、羊肉，称"全猪全羊"，鸡、鹅、鱼须成双。所点龙凤烛又称"足斤""脚缸烛"，称请财神。而后敲锣放炮开门营业，商店多设五色茶点恭迎第一个顾客，并呼其为"财神"，不管营业额大小均给予优惠，或对折付款或馈送礼品。若顾客红光满面，成交额又大，则预兆全年生意兴隆，称"接财神"；若开门后久无光顾，店主即焚香烛至财神殿祈拜或卜签，称"求财神"。商人若上年生意清淡亏本，则一家去寺庙敬神，路遇僧尼，则将其夹在中间过市，以为财神常附身僧尼，此称"兜财神"。这天店主请伙计喝财神酒，吃年糕汤。

初六各家做新年羹饭，菜肴有八大碗、十大碗、十二大碗不等，必有鱼（谐音余）、豆芽（偕形如意）和豆腐、年糕，寓步步登高之意。

初七求人丁，使家族人丁兴旺。

初八祈五谷丰登。

闹元宵(《故事绘画中国》)

初九敬天神,玉皇大帝生日,清道观要举行"玉皇会",道士和信徒都要进香,祭拜行齐天大礼以祈福延寿。

初十敬地祇,慈城城里乡村,大同小异。再说旧时慈城人大多信佛,故初七夜走七座桥,且不走回头路,初八拜八个寺庙,俗称"走七桥""拜八寺",以祈避邪,祈年岁丰收。

(二)元宵节

正月十五为元宵节,因是一年中最早的一次月圆,故称上元节,也因这个节日以张灯结彩为主要特色,故又叫"灯节"。

旧时慈城人闹元宵是从正月十三开始的。十三日为"上灯夜",十四日为"试灯夜",十五日为"正灯夜",十八日为"落灯夜"。

过了初十后,家家户户忙于为元宵节制灯、买灯。花灯样式繁多,简易的有兔子灯、元宝灯、鲤鱼灯、宫灯、蛤蟆灯、荷花灯等,而制作精美的则有龙灯、狮子灯、船灯、嫦娥奔月灯、天女散花灯、孙悟空大闹天宫灯等。真是百灯纷呈。十三日"上灯夜",做上灯羹饭迎接祖宗进城观灯。儿童多穿彩衣,以锣鼓为伴,谓之闹秧歌,这天晚饭家家户户吃芦稷汤果。

十四日"试灯夜"家家张灯,户户结彩。门前、堂上、大街、小弄到处悬挂着五颜六色的花灯,在老县府、市心口、永明寺等地,还搭起牌楼、灯棚、楼棚,花灯高挂,雄伟壮观。这夜还有"照蛇虫"(或者叫"赶蛇虫")的习俗,各家儿童用五彩纸灯遍照门后、墙角、天井、灶下,并唱俚曲"蛇虫去,金银来"。

　　十五日为"正灯夜",是元宵正日,也是放灯高潮。家家吃汤圆,以示合家团圆和睦。慈城汤团的芝麻或黑洋酥馅中有板油,咬开来流汁,趁热吃要细嚼慢咽,所以说"猪油汤团烫嘴巴"。饭后,亲朋好友三五成群,走街串巷,观灯游玩闹元宵。慈湖边、直街上、下横街,都成了灯的海洋,会集着各种精美的彩灯。灯会中还伴有猜灯谜、放焰火、奏民乐、玩杂耍等活动,成为人们赏灯闹元宵的活动中心。老慈溪十里八乡农民耍灯队、闹灯队再次进城。放灯进入高潮,街道上各色花灯齐放异彩,堂前挂元宝灯、走马灯,小孩拉兔子灯、老鼠灯。而乡村之间都流行"穿马灯",游行灯队串村庆祝佳节,大的村落还会举行舞龙舞狮、踩高跷、搭台唱戏等活动。迎灯游行的目的在于驱瘟神,祈求新的一年里风调雨顺,五谷丰登。

　　正月十八为"落灯日",做落灯羹饭,送观灯的祖宗回去,闹元宵也就在这夜结束。慈城城乡妇女还有离家出游"走百病"(又称"走三桥")的习俗。在这一天走过三座大桥,便可终年消除百病。城内妇人一般喜欢走骢马桥、德星桥、通济桥这三座城内高桥,而南乡妇女喜欢走夹田桥、三板桥、太平桥这三座横跨慈江的大桥。

(三)立春

　　立春是农历二十四节气中的第一个节气,旧时,慈溪县知县于立春前一日以彩杖迎春。当天,知县从县衙至社坛祀芒神、土牛,然后下田扶一下犁把,举行试耕仪式,以示劝农,重视农事,祈求丰收。届时,雇一名乞儿穿官服,令其坐在翻过来的八仙桌上,由兵役抬着,跟在知县后面,称为"春官",故有俗谚"叫花子做春官,亦有一日"。百姓以艾草拌和米粉做春盘、春饼,饮春酒,谓之"接春""闹春",祈求好收成。

青团

慈城乡间还有报春牛、送"春牛图"习俗。乞丐头肩背褡裢,手持青铜小牛,唱门报春,进屋后,以青铜小牛在米缸、谷包左右各绕三圈,边绕边唱"黄龙盘谷仓,青龙盘米缸"等内容吉利的歌谣,并挨户送木版印刷的"春牛图"。图中绘有牧童骑在水牛背上吹笛,或手牵牛绳走,或在看牛吃草,四周环以十二生肖、二十四节气和潮水涨落时辰,相传以此可预卜当年农事的忙闲。农户对报春者酬以钱或年糕。这天家中忌打破碗盏,说话也要避晦气,要讲吉利话以期太平。

(四)清明节

三月初过清明节,旧时慈城家家户户广泛开展扫墓、禁火、踏青、插柳等一系列风俗活动。而修整坟茔石作的土木活计则必须在清明前完工,一直到冬至都属禁坟期。一些在外的孝子贤孙往往请假回乡祭祖,返乡情结几乎甚于过年。人们既有对生死离别的悲酸泪,又有踏青游玩的欢乐声,展现了古县城特有的节日风貌。

扫墓又称上坟,大人小孩到墓地祭祖,借以表达慎终追远的孝思。上坟祭祖的时间,一般为清明前后三天。上"头年坟",须在清明节正日,时

祭扫（《古代风俗百图》）　　　　饮菖蒲酒（《古代风俗百图》）

间以太阳还在山岗处为宜。

　　旧时慈城多豪族聚族而居，每个宗族都建有祠堂，族人过世，将牌位放置祠堂供奉，故清明要进行"祠祭"。祭祖经费来源于祠堂田或祖宗田，由族人轮流耕种，轮到者谓之"值年"，由值年者主办祠祭和聚饮。聚饮按规定菜谱设"清明羹饭"，豆腐是必备的菜肴，凡族谱有姓名者均可入席，席间有一盘鹅头颈，必须由族长吃，意为"领头者"。还按人分碗或分猪肉。有的族里把妇女排除在外，或在有妇女吃的桌上减少酒的壶数。如男桌放两壶，有妇女的桌上放一壶。

　　慈城人过清明，仪式较为复杂，而心意十分虔诚。各家门窗插柳，妇女发簪柳梢，小孩头戴柳圈，老人脚穿柳皮鞋。各家用糯米和黑树叶汁做"黑饭"，又称"乌米饭"用糯米做麻糍，上散松花，以艾青等的汁和入糯米粉揉透，以豆沙为馅，团色青碧，谓之"青团"。然后祭祖扫墓，随带锄头，以青糍、乌米饭、牲醴和水果祭坟。祭墓封土后，在墓上插柳或挂纸钱。再用红黑漆把坟碑的字涂新。

　　明清以来，在慈城人的心目中，清明已不光是扫墓祭祖了，还借此机会进行郊游。再说此时正值天气转暖，陌上草木抽青，山野花香萌动，郊外风景特佳,人们在扫墓之余观赏青山绿水、秀峰怪石,挖掘小竹,采摘杜鹃花(俗称"拗喇叭花",以便带回家中美化居室)。若打过雷也会挑些马兰和荠菜头,经冬的野菜特鲜美。老话说地菜马兰炒年糕,灶君菩萨会馋痨。然后便散坐在山间,席地野餐,各色酒菜糕点,尽情享用,颇有与先人共享天伦之乐的味道,亦颇具野趣。

(五)立夏

立夏在二十四节气中,系表明夏季开始的节气。因在农忙前,故又称"苦节",农谚说:"吃了立夏蛋,眼睛苦呖烂。"旧时慈城乡村对此十分重视。

旧时慈城人立夏要吃用赤豆、黄豆、黑豆、青豆、绿豆等五色豆拌和的粳米煮成的"五色饭",后演变为倭豆肉煮糯米饭,称吃立夏饭。除了要吃新上市的樱桃、梅子之外,还必须吃脚骨笋和茶叶蛋。另外,还要吃带根软菜、红枣,吃炒蚕豆使牙齿坚硬,吃蛳螺使头脑聪明。小孩手背绕五色丝线称缠"立夏线",孩童忌坐石阶,如坐要坐七根,方可百病消散,忌坐地栿(门槛),谓这天坐地栿将招来六月里脚骨酸痛,如坐了一道就须再坐上六道地栿合成七数方可解魇。

脚骨笋,就是油焖整根小竹笋。慈城城外都是山,山坡上遍地生着这种小竹笋。立夏节吃的脚骨笋,与平时吃的不一样,长度多在四至五寸之间,且不可割开,每两根用一段细竹丝串住,细长的形状似两段脚骨,故名。按慈城人的习俗,立夏吃了脚骨笋,能使人全年体格硬朗。

茶叶蛋,一般在立夏前一天用核桃壳或茶叶煮鸡蛋或鸭蛋,把蛋壳煮成赭黑色,有的则把蛋壳敲破,放少量食盐,以使茶叶味和咸味入蛋。第二天吃时,剥开蛋壳,异香扑鼻,味道特别好。孩子们把用线钩的蛋笼挂在头颈上,喜欢拣比茶叶鸡蛋还硬的茶叶鸭蛋。这天孩子们聚在一起"拄蛋",互相较量谁的蛋更硬,以"拄"碎的为负,胜者负者都兴高采烈,笑声阵阵。

立夏慈城还有"称人"的习俗。吃过午饭之后,各宗族在祠堂,无宗祠者在家的大厅、堂前或走廊梁上,悬挂一杆大秤,被称人双手拉住秤钩,

旧时立夏称人

两足悬空,由司秤人称体重。妇女和小孩称时,则坐在竹篮、竹椅或箩筐上称,以保安全。据说立夏称人可预防"疰夏",也给节日增添了一分趣味。

(六)端午节

五月初五为端午节,又称重午节、端阳节。此节正当盛夏之初,处在大忙之季,又是疾病、虫害及天灾高发之时。

旧时慈城这一天,家家户户门壁上要张贴"端午老虎",画上孩子多是胖脸小辫,光头赤脚,胸系肚兜,露出两条粉藕似的圆腿。或二孩一虎,或二虎一孩,在追着老虎戏耍,十分惹人喜爱。意思就是用"百兽之王"老虎来镇住蛇、蜈蚣、蟾蜍、蜘蛛、蝎子这五毒。

慈城还流行削菖蒲为剑,折艾为旗,扎在一起挂插于门户、床头和灶上,说是驱虫避邪。此外,家家户户还要用彩线花布缝制成六角形、鸡心形、麒麟形等形状香袋,贮以香粉、雄黄、朱砂等,外缠丝线,色彩缤纷,玲珑可爱,香气扑鼻,展示出妇女手艺的精巧,悬于小孩颈项以驱邪,并臂缠五色线,男左女右,谓之缠手绳,又叫长寿绳,用雄黄酒喷屋角、床下、门后、天井等地,以驱邪禳毒。烧苍术、白芷以祛虫害,谓之"熏蚊烟"。以酒里的雄黄渣在婴儿的手足、臂部涂抹,并在婴儿额头上涂一个"王"字以"避祟"。

这天慈城人必须吃"五黄"。其一要饮雄黄酒。雄黄是一种中药材,有解毒杀菌之功效,把雄黄研末和菖蒲根屑一起加在烧酒内调和,谓之雄黄酒。慈城民谚谓"喝过雄黄酒、百病都逃走"。其他四黄为黄鱼、黄鳝、黄瓜、黄豆芽。另外还要吃蚰蜒螺炖蛋,清炖癞蛤蟆,以为可清凉解毒,也有将蜗牛嵌入点心食之以避百毒。甚至那一日正中午看到的所有蛇虫百脚等小动物都能入药,后演变成吃成药"六神丸"以防热毒。

慈溪县有些乡村也裹粽子,包成长方形,叫横包粽。做骆驼蹄糕,用面粉、麻油、黑洋酥、绿豆等做成骆驼蹄形状的糕点,味道油、脆、香。蜂糕,因像蜂窝多孔洞而得名,糯米粉发酵,撒上红丝、绿丝,蒸熟切成菱形。有红白两种,松软爽口,酒香扑鼻。

端午节,慈城乡村又称为重父节(重午节之谐音,有父亲节之意),一般女婿多备"端午担"礼送给丈人,少者四色,多者八色、十二色,用幢篮盛之。其中黄鱼要成双,肉要蹄髈,酒要陈年,鹅头颈涂红颜色,路上鹅叫得越响越好,越叫越发,称"吭吭鹅"。丈人方也会备礼或来礼中返送一部分,叫折礼。

(七)七夕

七月初七为七夕,是旧时慈城的少女节,因少女、少妇在此日乞巧、洗头,又称"乞巧节""女儿节""洗头节"。相传天上居于银河两岸的牛郎、织女于每年这一天在鹊桥上相会,织女用槿叶汁洗头,牛郎见秀发爱意深深,向织女求婚。故慈城民间以此为习,一早就到井里、河里打水,采槿叶搓碎调成胶状用以洗头。晚上妇女月下陈列瓜果,设香烛,以向织女乞巧,凡在月下穿过针眼者,穿得快者为得巧。有的面对星空,边祀拜,边念祝令:"北斗七星亮晶晶,念得七遍好聪明。"一气念成七遍乞巧。有些人深夜悄悄地驾着小舟到河边丝瓜棚下,或躲在葡萄棚下,屏息静听,如能隐约听到一点牛郎织女窃窃私语或低沉的悲泣声,就是"得巧"。

月下穿针比巧(《古代风俗百图》) 　　染红指甲(《古代风俗百图》)

　　许多人家还要做七夕"巧果",用面粉拌糖,制成各种小巧的形状,放进油锅煎炸,炸得清脆,吃起来清香可口,除做巧果外,在糕团店里,还出售一种为七夕而特制的糕点,是用面粉为皮、酥糖为馅,在木模中压成两寸多长的织女形象,上下还染上红绿颜色,俗称"巧人",也称"巧酥"。是上辈的舅舅、姑姑、义父购买后,赠送给外甥、内侄、义子等,民间称为"送巧人"。这天少女和儿童用"满堂红"(凤仙花)加少许明矾捣碎,睡前用豆叶或夏布缠指甲,一连三四次则其色深红,不仅美观,而且含吉利之意。还传说包过红指甲的手,腌咸菜、苋菜股、臭冬瓜不易坏,或者指甲不会变灰。

　　七夕前后,慈城乡村有吃"童子鸡"的习俗,"童子鸡"是一斤多点的新鸡娘,锅底搁三块瓦爿放上陶罐炖,新鸡嫩,烧过三撮红稻草即成。吃法是一人吃一只,连汤喝光,谓可滋补。

(八)中元节

　　七月十五为中元节,民间称"鬼节"。旧时慈城家家户户要举行祭祖活动,俗称"七月半羹饭"。是夜在中堂或大庭摆上供桌,上面摆满菜肴、酒和饭,菜肴中鱼不用河鱼,一般用带鳞的黄鱼或黄婆鸡(黄姑鱼),随后燃烛点香,由家长带领家中成员拜祭,据说祭祀后按长幼辈分焚烧纸钱,谓给祖宗送财宝。度鬼,可解现世父母及亡世亲人的苦难。寺观和民间当晚要举行放焰口活动,即盂兰盆会,祭无主鬼魂。

西悬岭脚下的陈家边凉亭,道光后每年举办盂兰盆会,为的是祭拜埋在附近山野的大宝山战役中为国捐躯的异乡亡灵。

中元节慈城还有放水灯的习俗,当夜在慈湖、骢马桥市河及街边小河,居民自发三五成群组织放水灯。水灯是用竹篾、稻草或纸精心制作的法船,有些制作精巧的法船里边有亭台楼阁和住宅,一般还装进金刚罗汉等纸像,并贴上"慈航普度"等横额,中间插上点燃的蜡烛,放落水中,焚上冥纸,让它在水中自由漂,直至全部烧尽沉没为止,以超度溺水的无主孤魂。

慈城在市河里有颇具特色的水焰习俗,从事河江上搞运输的船主,帮工为了祈祷水上平安,为了寻求心灵的安慰,一过七月就忙碌起来,筹集资金,筹划场地,选择时间,到七月十五那天,请来和尚念盘,搭起供案,下午起组成三艘船,首艘乘坐四十余位念盘的和尚,有的口诵咒经,有的手持乐器,吹吹打打,鼓乐喧天。第二艘满载冥衣、锡箔,各种纸钱密嵌在草绳间,船从学前埠头顺潮水穿城摇过东门,直达斋圣堂门口,然后把祭品撒在水面上,以慰水鬼水怪。第三艘放油灯,以草做成无数只草船,草船间蘸上柴油,点燃火种。草船浮在水面,随水漂流。坐在船中的二十余船民边划船边放油灯,忙个不停,所过之处,明亮异常,映红整个河面,而河两旁站满看热闹的人。

放水焰的同时,还在河边空地搭起戏台,演唱滩簧戏,做转舌孩儿戏(似皮影戏)。

(九)中秋节

八月十五过中秋节,但宁波人的中秋节在八月十六。这个风俗源于慈城。据乾隆年间苏州人王械笔记《秋灯丛话》中"风俗独异"一节记载,北宋末年，小康王赵构自建康（今南京）接皇位后，金兵大举南下，康王率朝臣和部分百姓南渡临安，东逃西躲，途中被金兵追赶，恰恰于八月十五这一天，逃到宁波府下慈溪（今慈城）一带躲避。当地百姓不忍心在皇帝逃难的这一天过节，就将中秋节推迟到第二天，从此便沿袭下来。800多年来慈城百姓一直坚守着八月十六过中秋的习俗。

旧时慈城过中秋，月亮未升之时，家家户户便在庭院、楼台或道地上摆出八仙桌，设下供案，置上月饼、方柿、石榴、栗子、南瓜、糖果以及酒类。月亮初升，开始烧香斗，大户人家的香斗，斗为四方形，上大下小，用纱绢糊成，上缀以月宫、楼台殿阁、走马灯等。一般人家的香斗，是以纸糊成斛，内装沙，沙中插香，香高低分为七层，以成斗形。烧了香斗，在灯火辉煌、香烟缭绕情景中拜月，称"祭月"、"祀月"，或请"月亮公公"。拜月者多为妇女和小孩，成年男人一般不拜月。老慈溪有民谚云："百物拜，步步拜，月亮菩萨拜一拜，聪明智慧到白发。"

祭月之后，合家围坐在桌旁观赏月色，一边赏月一边吃月饼。而世族之家因读书人大多吟诗抒怀，共享天伦之乐。有些人喜欢静坐在慈湖边，仰观皎洁的月辉，俯视粼粼的水波，银白月影，兴味盎然。有些人到永明寺、清道观等清静之地，或登上石刺岭、西悬岭赏月，万里寥廓的江天如水，月光淡淡，如水墨画屏，更有一番景致。

吃月饼是庆中秋的一个重要内容。据老慈城人相传，起源于元末明初。元朝统治者，为防止人民反抗，规定十家合用一把菜刀。汉人为了推翻元朝统治者，秘密串联百姓起义，在月饼里夹一张号召起义的小纸条散发每家每户。中秋之夜，人们掰开月饼，看了传单，雷厉风行，纷纷夺取菜刀，举行反元起义，不久取得了胜利。所以传统月饼每只都贴着一张小纸。数百年不变，以纪念当年的反抗和胜利。吃月饼的另一含义就是寓意家家团圆。慈城产月饼小巧扁平，有五仁馅、百果馅、芝麻馅、苔菜馅等，油酥很重，外皮很酥脆，一碰就掉渣。此时新鸭肥嫩，全鸭炖芋艿子为时新佳肴，俗称"芋艿鸭煲"。

中秋之时，正是赏桂的好日子，旧时慈城满天桂香扑鼻。在赏月时，遥想月中桂,纵目欣赏桂树枝,全家人在婆娑桂影、皎皎月光下,如同置身于世外桃源。清道观有桂花厅,是观赏慈城美景的最佳地方,是夜慈溪县文人都聚集这里,面对明月,唱歌赋诗,其乐融融。

另一个颇具趣味的习俗是"走月亮"。皓月当空,清光似水,冷辉如霜,景色十分迷人。慈城妇女衣着华丽,三五结伴,东荡西逛,游大街,走河边,在慈湖里泛舟,登阚峰赋诗,谈笑风生,往往玩到半夜方散。

另外还有请桌神游戏。用一只脸盆,里面放满水,脸盆边上倒扣一张桌子,四桌脚朝天,由四个小孩每人用一根手指,如左手都左手,如右手都右手,轻轻按定一只桌脚,侧边一个烧香并念唱:"天转转,地转转,转来转去人也转,人转转,心转转,转来转去桌子转,桌子转,鳞鳞转,转来好运天天天,转来好运年年年。"反复唱几遍,桌子就自动会转动,人也跟随桌子转动,而且桌子越转越快,转动不停,甚至转动到令人喘不过气来,手想放开也不行。据说若要使其停止,就要烧符。

而慈城四方农村都要举行演戏赛神活动,以祠庙为会祀神,以龙舟竞渡,谓之报赛,与全国各地端午赛龙舟不同,慈城中秋龙舟竞渡主要比锣鼓声激昂而不乱,比击桨整齐而有力,比踩艄姿态优美,比龙头翘得高,比龙嘴出水量大,但不比速度。

(十)重阳节

九月初九为重阳节。旧时慈城重阳的节俗活动主要表现为酒馔祀祖、登高远眺、饮酒赏菊、赋诗唱曲、裹粽子等。这天亲朋好友相约结伴,身佩茱萸,携带佳酿,登上慈城石刺岭和西悬岭峰巅,极目远眺,一块块金黄的田野,纵横交叉的江河,各种绮丽风光尽收眼底,登上清道观百步阶,盘桓于云亭间,文人雅士赏菊赋诗,不亦乐乎。

凡是去登高者都喜欢佩戴茱萸花,茱萸又名"越椒",是一种药用植物,其味香烈霸道,有驱虫、除湿、逐风邪、治寒热等作用,所以旧时慈城人把它视为防病驱邪的神物。另外,重阳刚好秋高气爽,黄花盛开,不少人家在那天置办菊花家宴,菜肴十分丰盛。外出的人能回家的都赶紧回家

走月亮（《古代风俗百图》）

重阳节（《年节习俗考全图》）

中，与家人一起共享佳节。

其他地方都是五月端午吃粽子，而旧时慈城习俗为九月重阳裹粽子吃粽子，一般是四方形粽子，也称横包粽。重阳还讲究吃重阳糕，即栗糕、菊糕，糕与"高"谐音，意为步步升高，兴旺发达。重阳不能登高者吃了糕也可聊以自慰。重阳糕是用米粉蒸制而成，是用红枣、栗子、杏红加粮做成的甜糕。色如栗壳，面镶芝麻、红丝、绿丝及果肉，糕底垫有竹壳。慈城西乡双顶山还要在糕上插上一面五色重阳旗，吃完糕，须改插在门上，或给小孩玩。

旧时慈城还有重阳插彩旗习俗，旗一般用宣纸做成，有正方形、三角形、长方形，大小不等。旗的边缘镶着纸做的流苏，旗的纸面上画着各种图案，在大街小巷中随风飘动，显得别有一番风味。

重阳节慈城人又称为"重娘节"，类似国外母亲节。如果是"毛脚女婿"，这礼就比老女婿要上档次。有谚语谓"吃了重阳糕，永世记娘好"。这一天出嫁的女儿要回娘家过重阳节，看望母亲，感谢母亲。女婿都要带礼去送丈母娘，在娘家吃重阳糕。

民国时期双顶山远景

(十一)冬至

冬至是农历二十四节气之一,"冬至大如年,皇帝老子要谢年"。旧时慈城人对冬至十分重视,每家每户都忙着祭祖,即做"冬至羹饭"。祭祖的菜肴非常讲究,通常需八大碗、十大碗、十二大碗,讲究的人家甚至要置备十六大碗。有宗祠的大族都开祠堂大门,用牲礼祀神祭祖,按丁分吉饼或分碗,女性不计在内,祭祀陈设禁用红色,烛用绿色,馒头盖蓝色戳子,以此寓意"压火"保安。而无祠堂的小户人家都在家里祭。祭罢祖宗,全族人或全家人都围坐而食。宴会毕,大家分猪肉及糯米块(麻糍)。冬至也可上坟(慈城特有风俗)。

在冬至早上,慈城人都要吃冬至汤果,用水磨糯米粉搓圆子。若加番薯块、酒酿、糖,佐以胀粉,叫"番薯汤果",寓意来年翻身,财富胀起。加青菜叫"青菜汤果",有些世居大家用芦稷粉搓圆子,叫"芦稷汤果"。并在煮熟后先供奉祖先,然后再食。

这天大人嘱咐小孩不可啼哭,也不可打骂小孩,不可损坏东西,否则视为不吉利。冬至夜,出嫁的女儿领回夫家。睡前须洗脚,谓之这夜洗脚,冬天可防生冻疮。东门外堕民要戴钟馗面具,手中持剑到城里脚埭家驱鬼，称"跳灶王"。

"邋遢冬至干净年"，慈城人认为若是冬至下雨，新年一定是晴天，反过来冬至如果是晴天，新年必有雨。慈城人还说："冬至月头，卖被买牛，冬至月底，卖牛买被。"就是说冬至在上旬，明年天气早暖，春耕提早，故宜卖棉衣，买进耕牛；若在下旬，明年天气迟暖，春耕推迟，故宜卖耕牛，买进棉衣，以备御寒之需。在冬至正时辰，抛掷萝卜至屋瓦上，经雨淋日晒成干后，收集挂墙上，称"冬至萝卜"，谓可治痢疾。据说冬至日最宜进补，所谓的"今冬补一补，来年打老虎"即是此意。这段时间里中医世家如"二成斋""延善堂"号脉、诊方、煎膏，会格外忙碌。

冬至前夜称"冬至夜"，这一夜是一年当中最长的。有"困困冬至夜，做做夏至日"之说。千百年来慈城人认为此夜梦较准，而求官求前程到清道观求梦最准。冬至夜慈城人称之为"清道观求梦夜"。这夜不但有从慈溪、宁波过来的人，而且有远从京城、苏州、杭州、温州、台州、绍兴等地赶来的求梦者。成千上万的人带着铺盖行李，涌向清道观，以问来年吉凶。他们把观内观外围得水泄不通，都想占据有利位置，早早和衣躺下，以祈求做个美梦。冬至早晨大人小孩都相互说梦，排队请道士"详梦"，或请长者为小辈"圆梦"，也有人请堕民"详梦"。做到好梦者，满脸春风，做到噩梦者，一脸懊恼。

（十二）除夕

旧时慈城谢年以后是过除夕，又称除岁，此月有三十称"三十年夜"，无三十称"廿九夜"。处于辞旧迎新的一年中的最后一天，也是最忙碌的一天。家家户户要换桃符、贴春联、易门神，房门贴写有"青龙吉庆"字样的青龙纸或笑呵呵的和合二仙。农家谷仓亦贴青龙纸。除夕先祭祖再吃年夜饭。

祭祖完毕要开始吃年夜饭，有庆贺团圆和人丁康健的意思。全家老小围坐在一起，一个人也不能缺少，出远门在外的人，也会在这一天赶回家。

年夜饭十分丰盛，桌上摆满佳肴盛馔。有热炒，还有冷盆。席间长辈尽量夹菜给孩子吃，讲吉利话，讨新岁彩头，盘中有全鱼不吃，须留至新岁，寓年年有余之意。年夜饭一般不吃饭，点心为热腾腾的猪油汤团，每个人都要吃几个，意为全家团圆，主食是年糕汤，意为生活年年高。青菜年糕汤一般不放油，都是以鸡肉、猪肉等汁水清汆，味道特别鲜美。

另外除夕习俗还有淘米数斗，烧一大锅米饭，以备新年食用。用大碗或竹箩盛满白米饭，上放条形年糕两根，贴红纸，旁边将红枣、桂圆、荸荠插入饭内，放在堂前案桌上，叫"年饭"，到过年后蒸食，取岁有余粮之意。在房间床前，以米筛盛茶、酒、糕果搁凳上祀床神，俗叫床神为床公公、床婆婆，床公癖茶，床婆嗜酒，所以用茶祀床公，用酒祀床婆，祈床神保佑终岁安寝。将年夜饭吃剩的残肴，盛少许于一小碗内，上插红花，放在床底或阴暗角落，叫"老鼠粮"，俗称这一晚是老鼠成亲之夜，望来年鼠不再为害。要把次日（正月初一）需动刀的食物都切好。地也扫好，扫地时从外面扫进来，边扫边念"元宝扫进来了"，将畚斗里垃圾倒在灶前火缸里。扫地毕，洗净扫帚，柄上扎元宝年糕，敬扫帚公公、扫帚婆婆。其

青菜年糕汤

跳灶王（《古代风俗百图》）

他如秤钩、菜刀、筷子笼等日用品上也要插上一块煮熟的年糕,以慰劳它们平时的劳作。四乡农村还要在地头祀"地孔大王"牛栏、猪舍、鸡笼、鸭棚等处各种神仙,祈求五谷丰登,家畜平安。

除夕又是灶神下凡之日,灶神腊月二十三出发,月底回来,上天落地,一个来回只需七天,也够得上火箭速度了。在灶头新换灶君像前,摆放五盆煮熟的素菜,有绿豆芽、老豆腐、千层结、香干、花生,点香燃烛,敬供灶神。因灶君下界首先要清点名册,故那夜媳妇必须回夫君家过年。

旧时慈城除夕夜米和水要满缸,希望来年缸缸满,瓮瓮满,缸里还要放上年糕、鱼、肉、饭四碗,含有吃不完用不尽的意思。附近乡村还有"青龙盘米缸,黄龙盘谷仓"之谚。

慈城自古以来有重视人情的淳厚朴实的民风。吃过年夜团圆饭之后,家家户户灯火通明,著姓望族家高烧明烛,通宵达旦,有的燃一斤重的龙凤红烛,日落时点燃至初一日出时止,谓之"接光"。信佛妇女有的坐夜待晓,或径至庵堂寺庙坐夜"守岁"。

守岁含有人们对逝去岁月的留恋之情。一家人团聚,边品尝瓜果茶点,边谈天说地,享受人世间的快乐。长辈要给晚辈一些压岁钱,富家给大洋,穷人分铜板,外包红纸,压于儿孙们枕下以祈好梦。当所有要办的事情都办完后,就准备放爆竹,谓之"关门炮",随后关门窗。

待孩子们睡熟后,大人就把新衣服一件件摆好,使孩子在新年里一觉醒来就能穿上。

除夕与新春是紧密相连的两大节日,也是慈城民间传统节日中最重要的节日,所以其内容最为丰富精彩,辞旧迎新,寄托了慈城人对未来美好生活的企盼,对年成丰稔的祈求,同时也是全年的一段闲暇时光,阖家团圆,尽情地享受一年的劳动果实。

当半夜清道观的钟声响过十二下以后,新年就降临了。

慈城西南计家山下计然井

三、神奇的故事传说

神话传说是人们长期在与大自然抗争和接触中所写下的一部美丽史书,名人逸事不但是黎民百姓对英雄的歌颂和恶魔的鞭挞,而且是对平常生活融入的幽默和诙谐。慈城自古以来与神话传说紧密结合,名人逸事亦有其极佳的创作土壤。在天文、地理、科举、宗教、商业等各个领域都有生动奇幻的事例世代相传,它们饱含着古慈城人丰富多彩、热情奔放、瑰丽奇特的想象,具有浓郁的浪漫主义色彩。无论是妙不可言的神灵传说,还是精彩纷呈的民间故事,都是慈城这块宝地留给后人的宝贵的文化遗产。

计然墓与计然井:计然墓在今慈城西南11里计家山,山下是个只有几十户计氏独姓的古村,据史志记述,此山上有"计然墓",安睡着春秋商圣计然之魂。另据村民藏《东浙计氏宗谱》载,他们的先祖计然与文种、范蠡同为越王勾践运筹帷幄,越王雪耻复仇后悄然隐居到这里,完成生命最后的旅程。家谱中的第一个像赞便是计然辛研公,像赞诗称"更辛为计,晋国之裔⋯⋯献策匡济⋯⋯翩翩世系"。计然又称计倪,一说姓辛,字文子，号渔父，春秋时葵丘濮上（今山东莘县）人。他是春秋时期著名的战略家、思想家和经济学家。《史记·货殖列传》说范蠡曾拜计然为师。他教给范蠡"贵流通""尚平均""戒滞停"等七策，范蠡只用了其中五策，便使越国强盛，使之成为春秋五霸之一。关于计然井，相传计家人为守计然的墓，从北方迁移到这山下居住生活，并挖了一口以祖先名字命名的井，计家人一直围着古井生活。计然井水平面呈梯形，四周由古朴长条石砌成，一看就知历史相当悠久。至今计家村百分之九十以上的住户还是计姓的人，尽管饮水条件已大大改变，但许多人仍然喜欢饮用，大有饮水思源之意。

  卧薪尝胆刺桐岭。在慈城西南十五里句章城西大山上，民间相传勾践在这里卧薪尝胆。此岭高一百多米，东可俯视句章城，南隔羊角尖峰俯临姚江，西北都是连绵的群山，确是既可隐居又不离闹市的风水宝地。相传越王被吴王俘虏后，成为亡国之君，受尽了人间的耻辱，就等待机会雪耻复仇。就潜身在越国后方基地句章城西的刺桐岭上，远离原都城会稽，又避开吴国盯梢的耳目，搭建茅屋，周围种满刺桐，每天洗心革面。经过十年生聚，十年教训，终于在公元前473年把吴国剿灭。

  始皇东巡至句章。句章县当时发生了一件足以载入史册的大事，即秦始皇三十七年（前210）东巡浙东，在句章县流连忘返游览三十余日。秦始皇服膺法家，也深受道家、阴阳家的影响，他强烈地感受到创建大一统王朝的重任与个人短暂生命的矛盾，祈求长生不老。汉司马迁《史记·秦始皇本纪》云："过丹阳，至钱塘，上会稽，祭大禹，望于南海，而立石刻颂秦德。"秦相李斯撰写的《会稽刻石》说："卅有七年，亲巡天下，周览远方，遂登会稽。"《封禅书》云："遂登会稽，并海上，冀遇海中三神山之奇药，不得。"这就说明秦始皇确实亲巡过会稽，也曾亲自到句章祈海寻仙。清康熙《定海县志》也云："秦始皇登会稽山，刻石记功，听徐市（福）言发童男女数千人入海求仙，始皇留句章三十日。"秦始皇旅巡句章的主要目的是想在海上寻访神仙，以求长生不老之药，使秦王朝能永世立于世上。

  始皇建造千人坛。秦始皇东巡句章时，在慈城王家坝村西侧的大湾

姚江边秦始皇立的千人坛

山巅建立千人坛,至今山上尚见可立千人的平台。宋宝庆《四明志》云:"千人坛,在县(慈城)西南十五里,高数仞,其上可容千人。耆老相传云,昔秦始皇东游会稽,登山望秩,以求神仙。至此见群峰连延,东入于海,乃令方士徐福立坛祈祷,因以为名。"清咸丰间慈溪诗人张翊俊《千人坛》:"骊山之陵发于唐黄巢,阿房之宫毁于楚火烧。谁知遗迹犹在句章道,数仞缥缈干云霄。居人云是千人坛,秦皇此地求仙丹。当时徐福多狂诞,发人采药三神山。童男卯女浮海去,云涛雪浪神山路。海水茫茫望眼穿,神仙毕竟在何处? 祖龙当死有神语,不死之药亦何补! 吁嗟乎,英雄末路爱求仙,方士狂言能惑主。君不见,上元太乙工祈祷,真人应与天同老。可惜宫车晚出时,咸阳不是蓬莱岛!"据耆老说,咸丰时洋枪队攻打已占慈溪县城的太平军,从宁波开军舰顺姚江而上,疑见大湾山巅千人坛有房子,害怕有重兵把守,就用火炮把山巅打成稀巴烂。

　　达蓬山顶寻神仙。始皇还命令徐福在句章县达蓬山寻三神山。宋宝庆《四明志》云:"大蓬山又名达蓬山,县(慈城)东北三十五里,山峰有岩,高四五丈,状如削成,有石穴深三丈,其岩有三佛迹,或云上多香草,故以为名。秦始皇至,欲自此入蓬山,故号达蓬山。"明天启《慈溪县志》引《剡

句章城大型建筑遗址发掘现场

源集》云:"文溪北引达蓬,土人相传,秦始皇登此山,谓可以达蓬莱而东眺沧海,方士徐福之徒所谓跨溟蒙,泛烟涛,求仙采药而不返者也。"说明秦皇在浙东巡行途中,有方士徐福再次主动求见,对秦始皇一番花言巧语后,表示"愿请善射与俱",愿替始皇至蓬莱求仙药。因句章县东北五十里临海有达蓬山,于山巅可望见东海于缥缈之中,再听方士徐福三寸不烂之舌"指海谈神仙",秦始皇遥见若隐若现的舟山群岛,恍疑为仙境蓬莱,于是便派徐福带数千童男女自句章港启碇,率众东渡求仙,徐福趁机脱祸而去。"万里西秦路,客魂遂不归。"明末著名思想家黄宗羲《达蓬纪游》诗有"东尽观沧海,往事一慨然。浪物鼓万叠,鲸背血千年。何物作始皇,于此求神仙"之句。今日本新宫徐福墓碑文也说:"放船于吴越之地者,遭风箭激,则必来于此。"上述这些资料阐述了秦始皇巡游至句章盼望得到仙药,徐福的船队在句章港扬帆东渡。

句章情歌传天下。据《搜神后记》《幽明录》《太平御览》等记载,在汉朝时句章县流传着一首情歌,名叫"陈阿登弹琴歌,今学者朱秋枫考证后在所撰《浙江歌谣源流史》一书中提到:这是"宁波最早的情歌"。《搜神后记》原文说:"汉时,会稽句章人至东野还,暮,不及至家。见路旁小屋燃火,因投宿止。有一少女,不欲与丈人共宿,呼邻人家女自伴,夜共弹箜篌。问其姓名,女不答,弹弦而歌曰:'连绵葛上藤,一绥复一绾。欲知我姓名,姓陈名阿登。'明,至东郭外,有卖食母肆中,此人寄坐,因说昨所见。母闻'阿登',惊曰:'此是我女,近亡,葬于郭外。'"此故事发生在汉代的会稽郡句章(今慈城一带),这个地方有个男子,在东边乡野办事,办完事回家,由于路途遥远,当时又没有便利的交通工具,眼看天黑下来,快要来不及回家。半路上,他看见路旁有一间小屋,屋里篝火通明,一种柔和静美的感觉袭来。他于是决定在这间小屋投宿,第二天继续赶路。出来应门的是位少女。这位善良可爱的女子,为了避免与陌生男子独处一室的尴尬,也不愿拒他于门外,于是,她想了一个两全其美的办法。她叫上邻家女子做伴,夜弹箜篌。第二天与卖食的妇人谈起此事,才知昨晚的女子是妇人近日去世葬在郭外的女儿。

句章县令破案奇。三国时张举来句章当县令,因破案神奇,名垂青史。据《太平御览》卷二百六十七云:"张举,字子清,为句章令。有妇杀夫者,因焚屋言烧死。其弟疑而讼之。举按尸开口视无灰,令人取猪二头,杀一,生一,而俱焚之。开视其口,所杀者无灰,生者有灰,乃明夫先死,妇遂首服焉。政化流行,民歌遗泽。"

会昌四年(844)龙打斗。会昌四年六月,住在慈城东五里花屿湖大湾深潭的年轻白龙,侦听到住在慈城西南八里赭山顶上的红褐色老龙要来侵犯花屿湖,抢人夺物,毁坏山岭农地。白龙气不打一处来,马上飞到赭山上空,和老龙激战三百回合,挟风携雨,电驰雷击,打败了老龙,老龙失败后只好仍回赭山枇杷潭居住。激战后姚江赭山段沿江田地忽然变为洪波,遂名幻江。白龙得胜后长吟三声,花屿湖百姓敲锣打鼓迎接白龙得胜回来,同时为感激白龙,就在大湾处建造了白龙寺,在村南建造了龙王堂,供奉白龙,分别由和尚和尼姑向白龙顶礼膜拜,希望它保佑大家平安。

英台化蝶董溪边。《梁山伯与祝英台》是中国四大民间传说之一,北宋明州郡守李茂诚的《义忠王庙记》是最早撰写《梁山伯与祝英台》故事梗概的,关于祝英台祭墓,该文写道:"英台遂临冢奠,哀恸,地裂而埋葬

英台哭坟图

焉。从者惊,引其裙,风烈,(裙)若云飞至董溪西屿而坠之。"是说祝英台的裙裾飞向空中,一直飘到董溪、西屿落下,而"董溪""西屿"这两个历史小地名所指示的地理事物,都在今天的慈城。董溪,董孝子溪,也就是慈溪,位于慈湖以北;而西屿为唐宋时慈溪县五乡之一,因地处花屿湖之西,而命名为西屿,是围绕慈溪县治慈城的一个乡。由此可以推断,祝英台裙裾坠落的地方,化成美丽的蝴蝶的地方,就在今慈城北门外的慈湖一带。而《义忠王庙记》又说:"越有梁王祠,西屿有前后二黄裙会稽庙,民间凡旱涝疫疠,商旅不测,祷之辄应。"此"二黄裙会稽庙",皆在今慈城南门外的狮子山下。据考证,黄裙,原是梁君,是慈城土语口传演变而产生的口误。

　　许仙老家在慈城。《白蛇传》是中国四大民间传说之一,被列为第一批国家级非物质文化遗产,白娘子与许仙凄美的爱情故事更是为世人所津津乐道。《白蛇传》的故事虽然发生在南宋时杭州,不过许仙(也称许宣)的老家却是宁波府慈溪县,也就是今天的慈城。据清光绪十三年(1887)杭州景文斋刻本《雷峰宝卷》,书中非但对法海提出了史无前例的批判,最突出的是说许宣是宁波慈城人。为了突出这一点,作者不惜先后四次反复强调。第一次就是许宣一出场,就自我介绍说是祖籍宁波慈溪县人;

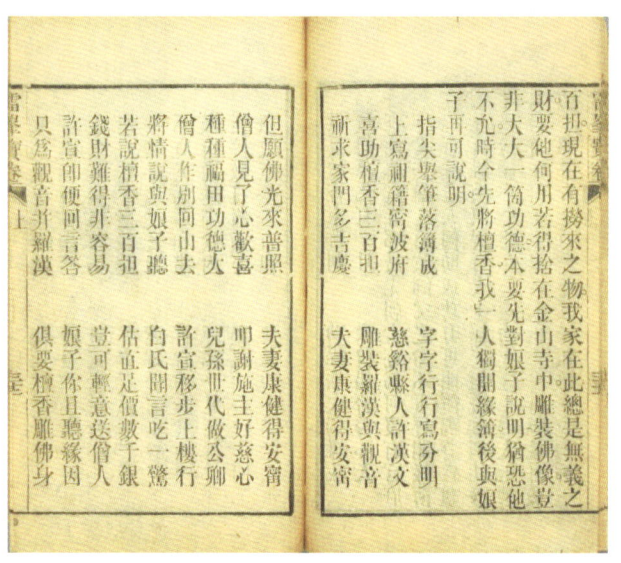

《雷峰宝卷》相关记载

第二次是许宣为金山寺捐檀香，在善缘簿上写下"祖籍宁波府慈溪县人氏"；第三次是许宣出家后，姐姐抚养他和白娘子的儿子许梦蛟，姐姐对梦蛟说"你父祖籍宁波府，慈溪县内是家门"；第四次是许梦蛟赶考前去金山寺寻找父亲，许宣对他说："贫僧俗居宁波人，慈溪县内我家门。"这四处明确提到许仙是宁波府慈溪县人，即今宁波慈城人。《雷峰宝卷》对当时流行的白蛇传说进行整理加工，是晚清以后关于白蛇传最全面也是最重要的版本，它将许仙的籍贯安在慈城绝不是随意的，一定有它的依据。虽然民间传说的很多人物都是虚构的，但不排除许仙这个人物的原型在慈城历史上真实存在的可能。《雷峰宝卷》的大结局，是父成佛，母成仙，儿成状元。这个大结局，儒、释、道三教合流，是中国博大文化的胜利。正如清光绪间马如飞所作的南词《白蛇传》中所说："三教团圆恨始消。"而三教融合，正是慈城的一大文化特色。

蜘蛛结网救康王。慈城张果岭是八仙张果老修炼成仙的地方。山高林密，小康王小时候常到这个山上游玩。金兵绕道向王桥继续追来时，急得康王经过外婆家门而没有进去，一口气跑到张果岭。他熟门熟路，躲进了一个泥石洞。他一躲进洞，洞里有一只蜘蛛马上在洞口结好网。金兀

始建于汉代的王子桥

术兵分八路,分片搜山,搜了一遍又一遍。金兵走近洞口,见蜘蛛网封洞,就没有进去搜,先后搜了八八六十四遍还是没搜着。小康王死里逃生,全亏张果岭上这只花蜘蛛。以后就封这只蜘蛛为"花将军",康王躲过的这只洞人们叫康王洞。

土人拔桥救康王。在慈城西十里有一座王子桥,俗称廿板王桥,是宋代建筑,为宋高宗时代的原物,未见重建的记载,真是一个奇迹,现为宁波市江北区重点文物保护单位。此桥地处慈城通往西乡及余姚、绍兴、杭州的驿道要津,桥下的河港称"王子浦",于是旧称"王子桥"。宝庆《四明志》记载:"王子桥,县西十里,金川乡云山里,以故老相传,后汉王修之建,遂以为名。"明代成化《宁波郡志》和嘉靖《宁波府志》中桥名都作"王子桥"。明天启《慈溪县志》又补"今有拔桥巷"。清雍正八年(1730)的《慈溪县志》则称此桥为"王桥",并载:"县八里,宋高宗被金人追至此,土人拔桥得脱,俗呼'廿板王桥'。"宝庆《四明志·叙遗》云:建炎三年(1129)十二月,宋高宗为逃金兵追袭,"车驾明州"。据传,当地人撤去桥板,宋高宗才逃过一劫。今存廿板王桥,原为三组排柱墩的四孔石梁桥,今存桥墩两个。每个有5块桥面石,桥面宽3.5米,总长16米。支撑桥面的桥墩由每组横

完节坊里三娘井

排扇形的5条方柱石斜插河床内,与埋于河床的基底条石榫接。如今此桥桥墩仍完好,桥面已于前几年重修,历经来自北面长溪岭的洪水的侵袭800多年而不倒,足见此桥的坚固。

慈溪小官抓大官。据《昭代典则》载,洪武十九年(1386)四月,宁波知府李仲文遣府吏马仁生到慈溪县巡察,府吏不遵守该县法规,被慈溪县丞秦仲彰解逮至京都,太祖甚嘉之,遂擢秦仲彰为宁波知府,降原知府李仲文为慈溪县丞。当时小吏秦仲彰之所以有天大的胆子,是因为有洪武帝颁布的法律为之撑腰,如《民拿害民该吏》《民拿下乡官吏》《阻挡耆民赴京》等,大意都是允许并鼓励老百姓扭送不法官吏进京,谁也不许阻挡,"其正官,首领官及一切人等敢有阻挡者,其家族诛"。

三娘教子完节坊。相传今慈城太湖路上纪念冯岳的完节坊,是原三娘王氏贞节坊改造的。明初时,慈溪县城内有一薛姓商人,名唤薛行,家道殷实,素以贩卖为生,娶有妻妾三人。原配张氏无子;次妻刘氏,生有一子,取名薛倚;三娘王氏春娥,亦无生育,但为人贤淑,颇受邻里称颂。有一年,薛行往河南开封经商,不幸病殁异乡,幸有老家人薛保随侍在侧,于是含辛茹苦,搬尸还乡。薛家遭此变故后,家境日渐中落,大娘张氏、

"三娘教子"版画

二娘刘氏相继改嫁,剩下三娘王氏、儿子薛倚及老家人薛保三人,依赖三娘王氏织绢出售,苦度光阴。三娘王氏春娥,出身书香门第,自幼饱读经书,颇有文才。她立志守节,培养薛倚成人,期望他长大后光耀门楣,所以她把薛倚送至邻近城墙下的一个书塾读书,放学回家后,又亲自督促其学习,薛倚倒也听话,学习刻苦。有一天,薛倚在书塾中受其他学子嘲笑,说他没有亲娘,没有人疼爱,他憋了一肚子气。放学回家,三娘叫他背书,他不但不背,反而以恶言顶撞,三娘一气之下剪断了绢机,闷坐机房,伤心落泪。薛保闻听此事,知道他们母子发生龃龉,连忙跪在三娘面前,苦苦相劝,三娘悲愤异常,举起家法,意欲责打薛倚,薛保又跪在三娘面前,情愿代小主人受责,不愿薛倚挨打,三娘被薛保这深厚的主仆情所感动,决定不责备薛倚,但今后责令他从严学习。薛保又规劝薛倚头顶家法跪在三娘面前思过,三娘双手扶起他主仆二人,从而母子和好如初。此后薛倚发愤用功,勤奋苦读,不断进取,终于在大比之年得中头名状元。受官后,他把家中变故以及三娘教导他的经过一一向皇上奏明,皇上恩准为王氏春娥立了一座贞节牌坊以示旌表。薛倚为官清廉,级级授升,后王氏随子搬家,离开了古城,薛氏故居就此数易其主。到了明万历时官至刑部尚书的冯岳宅原在骢马桥南,遭火灾后,买入颜家桥东这块三娘教子的旧址重建尚书第,薛宅从此归冯。京剧折子戏《三娘教子》就是据此事改编而成,实为一段佳话。

严嵩托梦清道观。相传明朝时大奸相严嵩,年轻时是一位江湖先生,曾来慈溪清道观求梦。他梦见被众人绑在屋柱上,还被挖去双眼钉在房梁上。醒来后严嵩吓得浑身发抖,而观中仙道老丈没有一个能圆这个梦,最后还是十岁光景的赵文华,把严嵩这个噩梦圆成了美梦。赵文华说:"屋柱上面是栋梁,众人要你做'朝廷栋梁'。加上柱子是'木',双眼也是'目',两字合成变成'相',先生来日必在朝中拜相啰!"严嵩听后一扫忧容,满怀欢喜地跳起来,把赵文华举上了天。

姚涞巧答御史对。明弘治六年(1493)的一天,左都御史王谟来到浙江慈溪县夹田桥下的三才庄进行私访。这里山明水秀,风景这样好,必是个出人才的地方。王御史想到这里,便走进村边的一座私塾。他一见教书先生,便问:"你教的学生,才学究竟怎么样?"先生笑着回答:"要说这些学生的才学,不瞒大人,好坏高低相差太大了。"王谟听后打算用对对联的形式考大家。先生表示胸有成竹。这时,王谟站起身来,隔着墙往外看,正好看到一个牧童手拿柳条,骑着一头黄牛,慢慢地向他走过来,心里一动,便出了个上联:"柳枝策指牛。"有个高个子学生便脱口对道:"枣条戳狗牙。"先生听了,把脸一沉,还狠狠瞅了他一眼。王谟却笑了笑说:"对是对上了,只是欠文雅一些。"这个学生却不服气地说:"大人的上联俗,还期望有一个不俗的下联吗?"王谟听了,非但没有怪罪,反而笑道:"说得有理!我再出一联,由你来对,好吗?"说着,又出了一个上联:"前殿走到后殿。"这个学生出口便对道:"东街跑到西街。"王谟一笑对先生说:"此生贱才也。"先生见王谟很失望,便上前说:"大人,这个学生平日里就很浮躁,且好在人前卖弄,请大人再出一联吧,这里有个高才生还没有开口哩!"王谟说:"也好。我就出最后一个上联。学生们若对不好,就由你来对。"他环顾一下学生和老师,便说:"三字经,百家姓,茅草小屋一先生,童子七八个。"先生一听,知道这上联难度不小,担心学生对不出。正在犯愁的时候，一个名叫姚涞的瘦弱学生"噌"地一下站了起来，不紧不慢地对道："八大臣，九公卿，金銮宝殿一朝廷，天下十三省。"王谟一听，高兴地走上前去，轻轻地拉着他的手，夸奖地说："对得好！从现在起，你如果再加紧努力，将来必成大器！"后来，姚涞真的考中了状元。

布政设宴选女婿。相传明代万历年间，慈城湖广布政冯叔吉，人称布政公，因儿子嗜酒早卒，心甚悲伤，希望为自己特别喜爱的女儿选个好女婿，来弥补丧子之痛。经多方计谋，最后决定筵席上选人。择吉日良辰，贴出大红喜讯，办好馔肴，在布政房宅第内举行。凡在十五岁到十八岁之间的未婚青年男子，均可入筵候选。那一天布政房的大厅高堂摆满筵席，前来赴宴的人熙熙攘攘，好不热闹。这天东乡姜官岭下有个卖柴人，家有老母，相依为命。家贫，以卖柴为生。说来也巧，那天这担柴放在离布政房不远的大桥头，一直无人问津。他想起家中老母等他买米下锅，就心急如焚，于是争向过往人群兜售，但总没人要。有人揶揄他说"布政公在等你这位乘龙佳客"，有的怂恿他去碰碰运气，但他没加理会。有位老者善解他的心意："你不去赴宴，你们母子二人受饿，你先果腹至少可先解决一个，然后再去为你母亲设法生活。"他想想这话有理，正好听见开宴热闹人声，毅然决定入席，担心没了柴担，还带着一条扁担。他没有非分之想，态度从容，不慌不忙地进入厅堂，坐在空位上，把所带的扁担垫在屁股下坐住，就这样狼吞虎咽地吃了起来，食毕，将欲离去。其实布政公一心要想挑个好女婿，在开宴后，一直来回于餐桌之间，眼观六路，耳听八方，不时与宴者交谈。他注意到这位后生，虽然穿着带有补丁的衣服，却显得整齐清洁，身体结实，脸庞生得额角方正，眉清目秀，气宇非凡。就宴时坐如泰山，吃似狼虎。又堂堂正正，且无矫揉造作之态，非等闲之人。凭其多年的世事经历和在官场阅人无数的经验，认为此人异于一般，就一眼相中。当下就留他到客堂，问过情况后，决定招选。这卖柴人一听要将他留下，不知是为了何事，不免有些后悔，不该听人之言前来度一饱餐，要累母亲挂念。布政公一听他对母亲如此关心，心中更加欢喜，自知没有选错人，便叫家人陪进客厅。问过情况，向他说明本意，一面差仆人去湖心张家送

浪子回头拗孟公

粮食银钱,那母亲果然在家门口等候儿子,见有人送钱米,不见儿子到来,心中不安,不敢接纳,只是声声问儿子在什么地方,这么迟还没回家。差人才对其母亲说明来意和告知他儿子中选之事,并征求意见。贫苦人家见有这种机缘,当然喜欢。再说新选中的女婿更换衣服后,由仆人陪送到书房读书。后来得知其常思母亲,布政公就接他母亲来慈城同住。一方面延请高师任教,自己也随时督教。经过几年的悉心教育,精心培养,他进步很快,才德兼备,后来果然考中进士,官至吏部尚书,他就是张九德,今慈城尚志桥东张尚书第就是他的故居。

慈湖逆子拗孟公。碧波荡漾的慈湖上,一个孤零零的绿岛独立水中。这个绿岛就是拗孟公坟。相传明代的时候慈湖旁住着一户姓孟的人家,两夫妻结婚多年,一直没孩子。一直到40多岁时,孟婆才生了一个大胖儿子。孟公孟婆老来得子,对小孟是十分宠爱,小孟要狗骑,父亲就趴在地上让他骑;小孟拧着母亲的耳朵要她装猪叫,母亲也会答应。这样一来,小孟嘻嘻哈哈,两老的眼睛也笑成一条线,非常开心。但四周邻居看不过,说孝子孝子,就是孝顺儿子,对孩子溺爱不好。小孟被他爹娘这样宠着,越来越无法无天了,做事总是违背父亲的心意,大家都叫他"拗孟

20 世纪 40 年代慈湖拗孟公坟

公"。拗孟公我行我素，不讲道理，不讲常情，总是喜欢和人"对着干"。譬如夏天烈日当头，父亲叫他乘凉，他偏要到日光下暴晒；冬天下雪结冰，父亲叫他穿得暖和些，他却脱去外套。家中缺少柴火，父亲叫儿子到山上去砍柴。拗孟公不声不响地去了，可他到山上却种了树，两手空空回到家里。父亲叫儿子去打黄酒，他儿子提回来的却是"白酒"，一尝，淡的，原来是慈湖的湖水……光阴如箭，日月如梭，老孟步入了花甲之年。有一天，他感到自己在世时间不多了，对儿子说："在我临死时，能否答应我一件事？"儿子说："什么事？"老孟说："就是把我死后的坟，埋葬在慈湖之中，了却我的最后一桩心愿。"小孟望着父亲苍老的脸，听着他断断续续的遗言，内心百感交集。他心想，过去父子冲突，错在自己，再说自己毕竟是父亲的亲骨肉，于是欣然答应了。其实老孟就是怕小孟会拗着自己，把自己葬到慈湖当中，才在临终反着说话的。实际上老孟是想把坟做在山上。但老孟哪里知道，一直以来每次都拗着他的儿子，这次居然会听从自己的话。现在慈湖的西端有一座半球形大坟，人称"拗孟公坟"，坟上终年长满茅草。

鬼魂求救谢家店。谢家店在慈城夹田桥南三里，清时邑人周若虚，久困场屋，在谢家店教读四十余年，凡村内长幼，靡不受业。一日晚膳后，在馆独坐,有学生冯某向前作揖,邀若虚至家,有要事相恳,言毕告别。辞色之间,甚觉惨惋。若虚忆冯某已死,所见者系鬼,不觉大惊。即诣其家,冯之父梦兰在门外伫立,见某,即挽留小饮。若虚亦不道其所以,闲话家常。不觉漏下三鼓,不能回家。梦兰留宿楼上,在中间设榻,间壁即冯某之妻王氏住房,隐隐似有哭声。若虚秉烛不寐,见楼梯上,有青衣妇人屡屡伸头窥探。始露半面,继现全身。若虚呵问:"何人?"其妇厉声曰:"周先生,此时应该睡矣!"若虚曰:"我睡与不睡,与汝何干?"妇曰:"我是何人,与先生何干?"即披发沥血,持绳奔犯。若虚惊骇欲倒,忽背后有人,用手扶持曰:"先生休怕,学生在此保护。"谛视之,即已故之冯生也。随亦不见。若虚喊叫其父,梦兰持烛上楼。若虚具道所见,梦兰即叫媳妇王氏开门,杳无声息。抉门入,则身已悬梁上矣。若虚协同解救,逾时始苏。因午前,王氏与小姑争闹,被责骂。短见轻生,恶鬼乘机而至,其夫在泉下知之,故求援于若虚。

布雷巧拔钉子户。自1934年开办慈溪县县立初级中学后,邻县四乡青年纷纷要求入学者增多。原校舍日感逼仄,不敷容纳。1935年秋,校长陈谦夫先生,以筚路蓝缕、惨淡经营之心力,在有国家拨县税,并有旅沪人士秦润卿先生等人捐助的情况下,决定兴建现代式样之新型校舍。在选址问题上,考虑到原普济寺前东侧之老校舍的左右,为颜、向两宗祠所阻,无法展布新舍,最终选定在东沿谈妙涧,西接碧绣桥,即老慈湖书院地基加上周边空地。然而,征地拆迁过程中,节外生枝的麻烦事终于发生了。其中有一家寥寥庵,其当家师父起初满口同意,原拆原造迁移至北面百米时家边南首,但不久,竟受一个佛门居士张某和普济寺悟开和尚的唆使,以佛门为大的理由抗拒拆迁。那位居士亲自潜去奉化溪口,通过蒋介石的妹妹蒋瑞莲,向蒋氏家庵摩诃殿借来一张蒋介石母亲的照片,悬挂在寥寥庵大殿佛龛正中,并伪称蒋母生前曾到此庵拜佛诵经,遗愿要将此庵在原址整修扩充,还凭借佛教会写来的一封信作证。扬言此庵有上述一段历史关系,故而绝对不能更动等相威胁。陈谦夫校长闻悉后商诸地方人士,皆感棘手。几经考虑唯有亲自去南京与陈布雷商量,请求帮助。陈布雷时任侍从室第二处主任，他因陈谦夫不顾年迈体衰努力为地方教育事业献身的精神，颇为感动，说："待委座（指蒋介石）和颜悦色之时禀报请示。"不久，陈布雷伺机将此事向蒋介石面陈，蒋闻后大为震怒，以为他母亲生前从未到过慈湖，与寥寥庵的关系显属无中生有，有辱蒋家门楣，立即以军事委员会名义，电令宁波专员公署专员赵次胜清查严惩，赵次胜即令慈溪县县长戴时照遵办。慈溪县政府派警传讯寥寥庵当家师父，那当家始知弄巧成拙，颤抖不已，据实说出幕后指使者，并乞求恕罪。这时陈布雷也来函云："如果女尼能前来认错，答应照原议迁庵，希望宁人息事，不累无辜。"数月以后，寥寥庵迁址建造告竣，昔日断壁残墙，倏尔焕然一新，那当家十分见情，一再向陈校长叩谢，事后陈谦夫将处理经过修书详告陈布雷，他阅后也颇为欣慰。